KB211467

배우자를
배우자

배우자를
배우자

지은이 | 박호근, 옥에스더
펴낸이 | 원성삼
표지 디자인 | 한영애
펴낸곳 | 예영커뮤니케이션
초판 1쇄 발행 | 2025년 2월 28일
초판 2쇄 발행 | 2025년 4월 30일
등록일 | 1992년 3월 1일 제 2-1349호
주소 | 03128 서울시 종로구 대학로3길 29, 313호(연지동, 한국교회100주년기념관)
전화 | (02) 766-8931
팩스 | (02) 766-8934
이메일 | jeyoung_shadow@naver.com
ISBN 979-11-89887-92-6 (03230)

값 16,000원

 모든 인간은 하나님의 형상을 닮은 존귀한 존재입니다. 사람은 인종, 민족, 피부색, 문화, 언어에 관계없이 모두 다 존귀합니다. 예영커뮤니케이션은 이러한 정신에 근거해 모든 인간이 존귀한 삶을 사는 데 필요한 지식과 문화를 예수 그리스도의 사랑으로 보급함으로써 우리가 속한 사회에 기여하고자 합니다.

비난하는 아내,
대답 없는 남편을 위한
행복 솔루션

배우자를
배우자

박호근 · 옥에스더 지음

이제 '이해'와 '정서적 친밀감',
'대화'로 배우자를 힘써 알아가자!
행복한 부부가 되자!

예영

주수일
진새골가정문화연구원 이사장

　행복한 가정생활을 하는 데에서 배우자를 바로 아는 것만큼 중요한 것은 없다. 내가 배우자에 대해서 다 알고 있다고 생각을 한다면 그것은 큰 오만이고 오해다. 그래서 배우자에 대해서도 겸손한 마음으로 배워야 한다. 이러한 상황에서 오랜 기간 동안 가정사역자로 활동해 오던 박호근 박사님 부부에 의해서 『배우자를 배우자』라는 책이 발간되게 됐다는 것은 무엇보다 반가운 일이다. 이 책에는 부부들이 행복한 부부생활을 할 수 있는 핵심적인 비결과 마스터키가 다 들어 있다. 많은 분들이 읽고 배우자에 대하여 바로 배우고 행복한 가정을 이룰 수 있게 되기를 기대해 본다.

이희범
지구촌가정훈련원 원장

　저자 부부는 가정생활에 대한 이론적 지식에 기초하여 고통받는 부부들을 현장에서 치유하고 변화시키는 탁월한 은사를 가지고 있다. 이 책은 그동안 저자가 세미나를 인도하면서 경험했던 열매를 배경으로 쓰인 현장 보고서다. 따라서 페이지마다 생동감이 넘치고 모든 이야기는 역동적으로 전개되고 있다. 열린 마음으로 읽는다면, 독자는 이 책에서 자신의 모습을 발견하게 될 것이고, 세미나에 참석하지 못한 가정들은 이 책을 통해 새롭게 변화되고 성장하게 될 것이다. 모든 이에게 기쁨으로 이 책을 추천한다.

장동학
하늘꿈연동교회 목사

책 제목이 '배우자를 배우자'이다. 사실 제목 만으로도 아주 중요한 방법론을 제시하고 있다고 본다. 우리는 당연히 배우자를 안다고 생각했다가 당혹스러운 일을 당하기 때문이다. 사실 부부 사역자들은 부부 문제를 해결하는 자기만의 솔루션이 있다. 이 책은 책으로 알 수 없고 현장 사역으로만 알 수 있는 것을 기록하고 있고, 부부 사역자들만 가지고 있는 모든 영업(?) 비밀을 다 공개하고 있다. 목회자들이 교인 부부들을 도울 때 직접 요긴하게 사용할 수 있는 책이다. 게다가 일반 부부들도 서로 읽으면서 나눌 때 서로를 알 수 있는 책이다. 이런 대단한 책이 나와서 아주 기쁜 마음으로 추천한다.

정정숙
패밀리터치(FamilyTouchUSA.org) 원장

'배우자를 배우자!'

책 제목부터 마음을 사로잡는다. 영어로 표현하자면 'Learn Our Spouse!' 정도일 것이다. 여기서 주목할 점은 '배운다'는 동사를 영어로는 learn이라고 하지, study라고 하지 않는다는 것이다. learn은 '배우고 익힌 결과로 기술이나 지식을 습득하는 것'을 의미하는 반면, study는 '책이나 자료를 통해 체계적으로 학습하는 행위'를 가리킨다. 이 책을 읽는 독자들은 고개를 끄덕이며 저자의 주장에 공감할 것이며, 때로는 저자와 다른 부부들의 사례에서 웃음 짓게 될 것이다. 이 책이 안내하는 구체적이고 실천 가능한 방법들을 통해, 더 행복한 부부로 거듭나게 될 것이다. 이 책을 기쁘게 추천하며, 더 많은 부부가 이 책을 통해 사랑과 행복의 기술을 익히길 희망한다.

차례

어느 기관에서 아내들을 대상으로 정년을 맞이한 남편과 사는 것에 대해 어떻게 생각하는가를 설문한 결과 "아내 72퍼센트가 나이 들어가는 남편이 부담스럽다"고 답했다. 왜! 아내들은 나이 들어가는 남편이 부담스럽다고 답했을까? 이유는 함께하는 시간은 많아지는데 대화도 어렵고 소통이 되지 않기 때문이다. 그래서 정년퇴직과 동시에 부부관계에 큰 위기를 맞는 사람들이 많다.

'은퇴 남편 증후군'이란 은퇴한 남편 때문에 과도한 스트레스를 겪는 아내의 증후군을 일컫는 말인데, 남편이 집에 있을 때 찾아오는 스트레스 증후군을 말한다. 남편 은퇴 후 찾아오는 아내의 화병이며, 이러한 우울증은 마음뿐 아니라 신체 증상도 유발하거나 악화시킨다고 한다. 일본의 의사이자 저자인 '호사카 타카시'가 발간한 『아직도 상사인 줄 아는 남편, 그런 꼴 못 보는 아내』라는 책이 있다. 제목에서도 알 수 있듯이 직장에서 돌아온 남편, 그 남편을 맞이하는 아내의 소통과 삶의 방식이 충돌로 노력하지 않으면 감정 소통 통로가 막혀 서로 짜증 유발자가 된다는 것이다.

부부싸움은 바로 행복으로 가기 위한 정서적 충돌이고, 서로의 다름을 인정하고 이해하기 위한 디딤돌이다. 배우자를 배워가는 것이 필요하며 정서적 친밀감과 공감을 통해 하나 됨을 이룰 수 있다.

전작 『머리 아픈 남편, 가슴 아픈 아내』는 많은 부부에게 정서적 친밀감의 회복을 도왔다. 이번 책 『배우자를 배우자』는 남녀의 차이를 이해하고 배우자 서로를 배우는 것을 통해 더욱 행복한 부부가 되기를 바라는 마음으로 집필하게 되었다. 배우자(配偶者)를 한자로 보면, "짝을 지은 사람"이라는 뜻으로, 결혼한 남편이나 아내를 말한다. 그런데 공교롭게도 한글의 "경험을 통해 알

배우자를 배우자

게 된다"는 뜻의 "배우다"와 발음이 같다. 따라서 "배우자"는 서로를 맞추고 함께 이루어지는 부부를 의미한다. 이처럼 행복한 부부가 되려면 배우자를 배워야 한다. 그러기 위해서는 부부의 친밀감을 이해해야 한다. "친밀감이란 마음속 가장 깊은 곳"이란 의미를 지닌 라틴어 "인티무스"에서 유래했다. 자신에게 매우 특별한 사람으로 이해하고 이해받는 아주 특별한 감정적인 가까움을 의미한다.

이처럼 '배우자를 배우자'라는 책 제목은 부부 불화를 해결할 솔루션으로 '이해'와 '정서적 친밀감', '대화'를 강조한다. 독자에게 묻고 싶다. 내 배우자에 대해 잘 안다는 착각에 빠져 넘겨짚고 있지는 않았나? 섭섭함으로 상처를 주는 독설로 표현되지는 않았나? 배우자의 대화 요청을 마치 '싸움을 거는 것'으로 오해하고 소통 자체를 차단하지는 않았나? 우리는 배우자를 아는 데 힘써야 한다. 배우자를 배워야 한다. 누구나 할 수 있는 흔한 말이라고 생각하는가? 그렇다면 당신은 그 흔한 것조차 노력하지 못하고 있지는 않은지 점검해 봐야 한다.

우리 부부는 실제 불화를 이겨낸 남편이자 아내로, 많은 부부를 상담하고 보살피는 가정 전문가로서 그동안 체험과 실제 사례에서 얻은 깨달음과 지혜를 책으로 엮었다. 실제 내 이야기이고 부모님의 이야기이며 이웃의 이야기다. "배우자의 헌신을 기대하는가? 그렇다면 당신의 결혼은 불행해질 것이다. 배우자를 위해 헌신을 각오했는가? 그렇다면 당신의 결혼은 선물이요 축복이 될 것이다."

진새골에서
저자 박호근, 옥에스더

Part 1

달라서
괴로운
부부

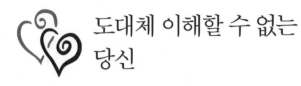

도대체 이해할 수 없는 당신

상담을 요청한 아내는 말했다.

"하루에 몇 시간씩 통화하고, 서로에게 편지를 써도 차고 넘쳤던 말들이, 결혼하고 아이를 낳고 삶에 치여 살다 보니 하루에 몇 마디 나누는 일조차 고단해요. 결혼하고 나서 남편과 안 싸운 날이 없었어요. 일단 남편과 대화 자체가 안 됩니다. 제 마음을 몰라도 너무 몰라줘요. 물론 제가 내심 남편에게 바라는 마음을 갖고 있어서 남편한테 더 뭐라고 했던 것 같은데 남편은 그걸 못 받아들였나 봐요. 매번 감정싸움을 엄청나게 하다가 결국 부부 대화 단절까지 오게 되었습니다. 남편과 대화가 되었으면 좋겠는데 어떻게 해야 할까요?"

배우자를 배우자

사실 부부가 살아가면서 언제나 웃음 짓고 행복한 것만은 아니다. 전혀 다른 환경과 문화적 공간에서 살아온 부부끼리 갈등이 있는 것은 당연한 것이다. 간혹 부부가 매번 싸워도 좀처럼 서로의 견해가 좁혀지지 않는 경우가 있다. 대개 진짜 문제는 제쳐놓고 누가 옳으냐 그르냐, 누가 더 잘났냐 못났냐를 따지기 시작하면서 입장 차는 더 벌어질 수밖에 없다. 하지만 서로 미워하고 싸우는 부부보다 전혀 싸우지 않는 부부가 더 위험할 수 있다. 부부가 싸운다는 건 아직 희망이 있기 때문이다. 부부싸움은 살고 싶지 않다는 말이 아니라 함께 살고 싶다는 절박한 외침이기 때문이다.

희망이 없다면 자기 생각을 상대에게 전달해 보려는 노력도 하지 않는다. 싸움을 한다는 것은 상대에 대해 애정과 희망이 아직 남아 있다는 것이다. 싸움을 한다는 것은 아직 '배우자에 대한 애정과 희망이 있다'는 표현임을 명심해야 한다.

부부싸움은 칼로 물을 벤 것처럼 흔적이 없으면 좋겠지만 그렇지가 않다. 오히려 가까운 사이이기에 말 한마디나 행동 하나에 큰 상처를 입힐 수 있다. 그래서 부부싸움도 전략이 필요하다.

최소한 문제의 발단이 된 주제에만 집중하여 대화하고 예전에 있었던 일을 들추어 내거나 논쟁 외의 문제를 끌어들이지 말아야 한다. 특히 성격, 집안, 능력과 같이 배우자의 자존심과 관련된 문제는 공격하지 말아야 한다. 상관없는 시댁이나 처가의 험담을 늘어놓는다거나, 순간의 화를 참지 못하고 "이혼하자, 헤어지자"는 말을 내뱉는 것도 하지 말아야 한다.

그리고 홧김에 집을 나가거나 친정으로 달려가는 것은 둘 사이의 감정의 골이 깊어지게 하는 행동이므로 절대로 해서는 안 된다. 밖에서 싸움을 시작했다면 집에 들어가기 전에 반드시 끝을 내고 화해해야 한다. 또한 싸움을 시작한 장소에서 벗어나지 말고 그 장소에서 마무리해야 한다. 그리고 반드시 마음을 담은 화해의 사과를 하고 서로의 마음을 만져 주는 언어로 위로해야 한다.

싸움을 하다 보면 감정이 상해서 상대를 이기려는 마음이 생기고 '내가 옳다'는 것을 입증하려고 한다. 그러나 지혜로운 부부는 이기는 것에 목적을 두지 않고 다음에 똑같은 주제로 싸우지 않기 위해 합의점을 찾는다. 종종 어떤 문제로 다투다 보면 이런

배우자를 배우자

저런 문제들이 다 튀어나오고 해묵은 감정이나 과거의 일을 다 끄집어내게 되는데 이는 매우 좋지 않은 방법이다.

어떻게 해야 바른 선택을 할 수 있을까? '우선 한쪽 눈을 감자.' 이는 좋은 점은 칭찬해 주고 단점은 단순히 점에 불과하다고 생각하면서 '격려하라'는 뜻이다. 프랑스 소설가 마르셀 프루스트(Marcel Proust)는 "어머니는 20년에 걸쳐 아들을 소년에서 사나이로 키운다. 그러나 딴 여자가 20분 만에 그 사나이를 바보로 만든다"고 말했다. 아내의 격려와 인정이 남편에게 얼마나 중요한 것인지를 역설하는 말이다.

설사 내가 잘못했더라도 상대에게 내가 화난 이유를 설명하면 여자는 대개 상대의 말을 이해하고 공감해 준다. 그러나 남자는 공감보다는 시시비비를 가리는 판단을 해서 정답을 찾으려 한다. 여자는 감성적이고, 남자는 이성적이기 때문이다. 모든 남자와 여자가 그런 것은 아니지만 대체로 그렇다. 연애할 때는 두 눈부릅뜨고 상대를 제대로 판단하는 것이 중요하지만, 결혼해서는 차라리 한쪽 눈을 감고 상대를 제대로 판단하지 않는 것이 중요하다. 이것이 행복한 결혼 생활의 비결이고 삶의 지혜다. 부부싸움은 행복으로 가기 위한 정서적 충돌이고, 서로의 다름을 인정하고 이해하기 위한 디딤돌이다.

부부가 배우는 싸움의 기술은
이기는 것이 아닌 잘 지는 방법이다.

배우자를 배우자

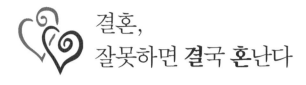

결혼,
잘못하면 **결국 혼난다**

결혼한 배우자와의 갈등은 너무나 당연한 것이다. 배우자를 알아가고 사랑하는 것은 우리가 인생에서 경험할 수 있는 가장 보람 있고 경이로운 일이다. 하지만 동시에 가장 힘겹고 고통스러운 일이기도 하다. 우리가 알고 있는 결혼의 의미는 남녀가 정식적으로 부부가 되는 것을 의미한다.

그러나 이러한 사랑의 관계가 잘못되어 부부 불화가 생기면, 결혼의 뜻이 '잘못하면 결국 혼난다'는 뜻으로 느껴지게 된다. 에밀 졸라는 결혼에 대해 "두 개의 다른 세상이 피할 수 없는 충돌을 예견하며 만난다"고 말했다. 결혼한 배우자 간의 갈등은 너무나 당연한 것이다. 기질과 성격이 다른 사람이 일상을 공유하는

가운데 갈등과 문제가 없을 수 없다.

이렇듯 사랑해서 결혼하지만, 결혼의 진정한 의미를 모르면 고통스러운 시간을 보내게 된다. 결혼의 진정한 의미는 정서적, 육체적, 영적인 친밀감을 느끼기 위한 것이다. 그런데 이러한 친밀감을 느끼지 못하는 부부는 자다가도 울화가 치밀어 오르고, 몇 날을 침묵시위도 해보고, 꼴도 보기 싫다는 악담을 주고받으며, 서로 마음의 상처를 주면서 부부싸움의 결론은 언제나 답 없이 흐지부지 끝이 난다.

우리 부부는 왜 늘 싸울까? 분명 사랑하는 사람과 결혼했는데, 만나면 헤어지는 것이 아쉽고, 떨어져 있으면 보고 싶고, 좋은 것을 함께 나누고 싶고, 세상 가장 든든한 내 편이 되어 줄 것 같은 사랑하는 사람과 같이 살기로 했고, 같이 살게 되었는데 왜 이렇게 눈만 마주치면 싸우게 되는 것일까? 결론은 싸우지 않는 부부는 없다. 다만 싸우는 방식에서 차이가 있을 뿐이다.

전혀 다른 삶을 살다 만난 두 남녀가 부부싸움을 하는 것은 어찌 보면 당연한 일이다. 그래서 "부부 불화는 혼수다"라는 말

배우자를 배우자

이 있다. 즉, 보이지 않지만, 남녀는 다른 존재이기에 서로 다툴 수밖에 없음을 인정하고 서로를 배워야 한다는 말이다. 사랑한다면 싸우지 않아야 한다는 이 생각 때문에 사이가 더 틀어지고 헤어지는 경우가 많다. 이렇게 싸우는 걸 보니 우린 분명 사랑하는 사이가 아닌 것 같다고 생각하지만, 싸운다는 것은 서로의 의견이 달라서 조율하고 합의하는 과정으로 이해해야 한다.

전혀 다른 라이프 스타일로 살던 남녀가 만나 갑자기 한집에 살게 되었으니 사사건건 부딪치는 부분이 나타나는 게 정상이다. 중요한 것은 부부싸움에는 이기고 지는 '승자'와 '패자'가 없다는 사실을 인식해야 한다. 그래서 서로의 다름을 인정하지 않고 감정적으로만 싸우다 보면 서로 상처만 줄 수 있으니, 둘만의 규칙을 만들어 불필요한 다툼을 줄여야 한다.

결혼이 '잘못하면 결국은 혼난다'는 것으로 끝나지 않기 위해서는 문제를 해결하고자 시작한 대화가 결국은 '내가 옳다'는 것이 입증되어야만 직성이 풀리는 것으로 끝나서는 안 된다. 누구나 인정하듯 부부싸움의 궁극적인 목적은 '서로 잘 살자'는 것이다. 싸움을 '다툼'이 아닌 '잘 살고 싶다는 외침'으로 인식하면 서로 이기려고만 하지 않고 이해시키려는 마음이 든다. 이런 노력을 통해 부부싸움이 해결점을 찾게 되는 것이다. 사랑은 마주보고 설레고 흥분된 감정을 뜻하는 것만은 아니다. 어떤 면에서 더 깊은 사랑은 나와 맞지 않는 배우자를 그럼에도 불구하고 이해하려고 하고 용납하려고 하는 과정이다. 그런 노력 끝에 신뢰와 이해를 바탕으로 사랑을 주고받는 것이다.

사랑하는 사이는 싸우지 않아야 한다는 오해 때문에 서로 간에 함께 노력하지 않는 부분이 훨씬 많다. 하지만 사랑하면 뭐든지 자연스럽게 손발이 척척 맞아야 한다고 생각하면 그것이 결혼을 잘못 이해하는 것이다. 사랑은 마주 보면 설레고 흥분된 감정만을 뜻하는 것이 아니다. 어떤 면에서 더 깊은 사랑은 나와 맞지 않는 상대를 이해하려고 하고 용납하려고 하는 나의 노력이다. 그런 노력 끝에 배우자 상호 간의 신뢰와 이해가 생기고 이러한 사랑은 세상을 이길 힘을 주는 사랑이 되는 것이다.

배우자를 배우자

훌륭한 결혼이란
완벽한 커플이 함께하는 것이 아니라
불완전한 커플이
그들의 다름을 즐기는 것을 배우는 것이다.

데이브 뮤러(Dave Meurer)

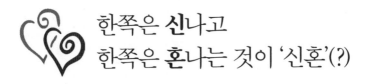

한쪽은 **신**나고
한쪽은 **혼**나는 것이 '신혼'(?)

어떤 이는 '신혼'의 뜻을 '한쪽은 신나고 한쪽은 혼나는 것'이라고 재미있게 해석한다. 신혼은 배우자와 행복하기 위해서 서로노력해야 하는 시기다. 결혼 생활의 적응기인 신혼을 잘못 보내면 한쪽은 신나는데 한쪽은 혼나는 신혼의 시간을 보내게 된다. 그런데 이러한 신혼의 시기가 신혼 때만 아니라 결혼 생활 내내한쪽만 신나고 상대 배우자는 혼나는 상황이라면 이것은 진정한신혼의 의미와는 거리가 먼 것이다.

"이런 게 결혼 생활이었어?" 이기적인 남편 때문에 힘들어하는 아내가 있다. 반대로 너무 이기적인 아내 때문에 힘들다고 말하는 남편도 있다. 혼자 살던 습관이 결혼 생활에서 자주 나타날

배우자를 배우자

수록 배우자가 이기적인 사람이라는 불평이 나타나게 된다.

대개 사람이 사랑에 빠지면 이기적인 사람도 순간적으로 헌신적인 사람으로 바뀌기 때문이다. 평소에 하지 않았던 헌신도 아끼지 않고 사랑의 힘으로 해낸다. 그러나 시간이 지나면서 로맨스의 시기가 끝나고 나면 자신의 이기적인 본래 모습으로 돌아간다.

아내들은 "남편이 결혼하기 전에는 그렇게 헌신적이고, 나에게 잘해 주었는데 결혼을 하고 나니 사람이 변했어요."라고 말한다. 그러나 사실은 변한 것이 아니다. 원래의 모습으로 돌아온 것이다. 연애 시기에는 사랑의 힘으로 자신도 모르게 헌신적인 삶을 살았다가 시간이 지나면서 로맨스의 시기가 끝나 옛사람의 모습으로 돌아온 것이다.

이기적인 배우자와 살아가는 사람은 참으로 고통스럽다. 모든 것을 자기중심으로 결정하기 때문이다. 무엇을 먹어도, 어디를 가도, 무엇을 해도 다 자기에게 초점을 맞추기 때문에 배우자는 고통스럽다. 결혼은 '나'에서 '우리' 그리고 '너와 나의 관계'

로 성장하는 과정이다. 많은 사람이 결혼 전에는 나 중심의 삶을 산다. 생활방식도 자신이 중심이 되어서 계획하고 살아간다. 그러나 결혼해서 부부가 되면 '나' 중심에서 '우리 중심'으로 삶을 바라보는 관점을 바꿔야 한다.

서로 다른 성장배경과 성격의 두 사람이 만나 부부가 되어 살아가려면 갈등이 있을 수밖에 없다. 서로의 이견을 조율하기 위해서는 부부싸움도 불가피하다. 하지만 신혼의 경우 부부싸움을 잘하면 두 사람의 관계를 돈독하게 해주는 요소로 작용하지만 그렇지 않으면 상처를 입고 결혼 생활이 어려워진다.

대부분의 실수는 주로 신혼 때 일어난다. 어떤 이에게 신혼 생활은 가장 행복했던 시간이고, 어떤 이에게는 "그때 이혼했어야 했는데"라고 말할 수 있는 기회의 시간이다. 연애 기간과 상관없이 결혼해서 한 집에 살면서부터 비로소 알게 되는 것이 있다. 서로에 대한 적응 기간이 지나면 봐줄 만한 단점도 있는 반면, 어떤 단점은 결혼 생활 내내 갈등의 불씨가 되기도 한다.

배우자가 이기적인 모습을 보이면 처음에는 서운한 마음이

배우자를 배우자

먼저 든다. 서운한 마음이 차곡차곡 쌓이면 분노가 되고 이기적인 모습을 볼 때마다 배신감, 좌절감 등이 솟구친다. 그러다 보면 이기적인 배우자의 행동 하나하나가 부정적으로 보이고 결국 자연스럽게 '계속 참고 살아야 할까?'를 고민하게 된다. 자기 밖에 모르는 배우자의 모습에 실망하고 원망하는 일이 일상이 되어 버린다면 대책이 필요하다.

배우자가 자기중심적으로 행동할 때마다 이기적이라고 비난하고 화를 내면 부부싸움의 횟수만 늘어날 뿐이다. 자신의 몸만 끔찍하게 생각하는 배우자라면 가사, 육아 등의 역할 분담을 분명하게 하는 것이 좋다. 그러나 결혼 생활의 갈등이 시작되는 신혼 시절에 배우자가 자신이 이기적이라는 사실 자체도 깨닫지 못하는 경우가 수두룩하다.

특별히 신혼 때 배우자에게 침착하고 이성적으로 무엇이 문제인지 설명하고 비난하지 않고 "나" 전달법을 사용하여 내가 싫어하는 것에 대해 친절하게 표현하고 그 이후에 이기적인 배우자에게 감정을 처리할 시간을 충분히 준다면, 배우자는 상대의 기분을 나쁘게 만들고 다치게 한 것에 대해 죄책감을 느끼게 되고 상황을 바로잡고 행동을 고치려는 동기를 갖게 된다.

결혼은 두 사람이 모두 행복하기 위해 결혼한다. 그래서 서로를 더 깊게 이해하고, 서로의 생각과 감정을 나누는데 많은 시간을 투자해야 하는 시기다. 매일 같이 생활하며 느끼는 소소한 감정이나 생각들을 솔직하게 공유하고, 서로의 의견을 대화로 푸는 연습을 해야 한다.

결혼은 두 사람이 모두 행복하기 위해 결혼한다.
그래서 서로를 더 깊게 이해하고,
서로의 생각과 감정을 나누는데
많은 시간을 투자해야 하는 시기다.
본문 중에서

배우자를 배우자

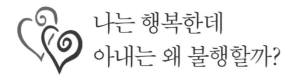

나는 행복한데
아내는 왜 불행할까?

데이비드 브룩스는 그의 책『두 번째 산』에서 남녀관계를 2단계로 설명한다. 서로에게 콩깍지가 끼는 이상화 단계, 콩깍지가 벗겨지며 밥 먹는 것도 보기 싫어지는 극단화 단계다. 그래서 결혼 20-30년 차 중년 부부가 돌연 이혼하는 사례가 늘고 있다. 한 달에 만여 쌍의 부부가 이혼을 한다는 통계도 있다. '황혼 이혼'이란 말이 이제는 낯설지 않다. 이 시대의 많은 부부가 고통 속에 아파하고 있다.

그 이유는 결혼에 대한 왜곡과 배우자에 대한 잘못된 태도로 서로에게 큰 상처를 남기며 힘겹게 살아가고 있다는 것이다. 어느 부부가 불화 한 번 없이 평생을 살 수 있을까? 남편은 도대체 이해할 수 없는 아내의 행동에 매일같이 미궁에 빠지고, 아내는 달콤할 줄로만 알았던 결혼의 현실을 깨닫고 점점 마음의 문이 닫히게 된다.

연애할 때, 혹은 결혼 초반에는 상대를 위하는 마음이 매우 크다. 아직 사랑의 감정이 유지되고 있기 때문이다. 그러다가 시간이 지나면 성격, 사고방식, 가치관, 생활방식 등의 차이로 인해 갈등이 생기면서 '힘겨루기'가 시작된다. 남편은 남편대로, 아내는 아내대로 자기에게 익숙한 방법이 맞다고 주장하게 된다. 모든 부부는 사랑하기 때문에 결혼한다. 그러나 사랑할 줄 몰라 이혼한다.

우리 부부도 그랬다. 행복한 결혼 생활로 시작했지만 살아갈수록 갈등이 생겼고, 부부싸움도 많이 했다. 왜 이런 갈등을 겪게 되고 불화하는지 너무나 고통스러운 시간을 보냈다. 이혼만 하지 않았을 뿐이지 '이혼급 부부'(?)로 살았다. '좋은 사람'의 반대말은 '나쁜 사람'이다. '나쁜 사람'은 '나 뿐인 사람'이다. 가정에서 '나 뿐인 사람'은 절대로 좋은 배우자가 될 수 없다.

배우자를 배우자

많은 경우, 자신이 배우자에게 이기적이라는 사실 자체도 깨닫지 못하는 경우가 수두룩하다. 어렸을 때부터 어떤 습관이 아주 작게 시작되었고, 이것이 보이지 않게 자라나서 나 자신도 알아채지 못하는 나쁜 습관으로 발전되어진다. 배우자가 이기적인 모습을 보이면 처음에는 서운한 마음이 먼저 든다. 서운한 마음이 차곡차곡 쌓여 분노로 바뀔 무렵부터는 이기적인 모습을 볼 때마다 배신감, 복수심, 좌절감 등이 솟구친다. 그러다 보면 배우자의 행동 하나하나, 대화 하나하나가 부정적으로 보이고 결국 자연스럽게 두 가지 선택 앞에 선다. '계속 참고 살아야 할까, 말아야 할까.'

무엇인가 중요한 결정을 할 때, 배우자가 독단적으로 결정하면 부부관계는 급속도로 나빠진다. 어떤 평계를 대도 무시당했다는 느낌이 들기 때문이다. 이때는 단호함이 필요하다. 참지 말고 침착하게 대응해야 한다. 어떤 일을 결정할 때 일방적으로 결정하고 통보하는 식의 태도에 상처받았다고 솔직하게 표현하면서 앞으로는 "함께 결정하자"고 요청해야 한다. 상대의 생각을 들어보고 함께 맞춰보는 노력이 필요하다는 사실을 배우자와 공유하는 것이 필요하다.

모든 부부는 사랑하기 때문에 결혼한다. 그러나 사랑할 줄 몰라 이혼한다. 남편은 도대체 이해할 수 없는 아내의 행동에 매일같이 혼란에 빠지고, 결혼 전에는 평생 행복하게 웃고 살 것만 같았던 아내도 현실의 어려움과 남편과의 불화로 고통 당한다. 결국 부부가 불화하는 이유는 서로에게 진정한 정서적 친밀감을 느끼지 못하기 때문이다. 그러면서 두 사람은 서로의 마음에 상처를 받는다.

요즘 황혼 이혼이 많다는데, 이러한 말은 어느 날 갑자기 터져 나온 사건이 아니다. 오랜 세월 쌓아 두기만 하다가 나중에는 어디서부터 손을 써야 할지 엄두가 나지 않을 만큼 서로 마음이 엉켜 풀어내지도 못할 정도로 딱딱하게 굳어서 생긴 일이다. 부부 사이에 갈등 상황이 생겼을 때 바로 마음을 터놓고 자신의 입장을 충분히 이야기하고 서로를 이해하는 시간을 갖지 못하면 그렇게 된다.

부부 사이의 문제 해결은 의외로 간단하다. 배우자의 입장에서 생각하고 배려해 주면서 정서적으로 통하는 친밀감만 있으면 된다. 그런데 이 친밀감은 하루아침에 생기는 것이 아니라 오랜

배우자를 배우자

세월 꾸준한 노력으로 숙성되는 것이다. 결국 꾸준한 노력이 필요하다. 결혼 생활은 어느 한쪽의 일방적인 희생으로는 절대 이뤄지지 않는다. 부부가 함께 만들어 가는 합작품이기 때문이다.

부부생활은 길고 긴 대화 같은 것이다.
결혼 생활에서는 다른 모든 것은 변화해 가지만
함께 있는 시간의 대부분은 대화에 속하는 것이다.

니체(Nietzsche)

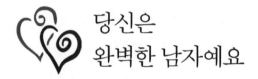

당신은
완벽한 남자예요

어느 날 아내가 내게 말했다.

"당신은 완벽한 남자예요."

"그래? 내가 당신에게 그렇게 완벽한 남자야?"

그때 아내는 말했다.

"완전히 벽과 같은 남자예요."

결국 '완전히 벽과 같은 남자'의 준말이 '완벽한 남자'라는 것
이었다. 이처럼 나는 아내와 대화하기 어려운 완전히 벽과 같은
남자였다. 이처럼 배우자와의 대화가 어려운 경우에는 여러 가지
원인이 있을 수 있다. 먼저, 배우자와 왜 대화가 어려운지 이해해
야 한다. 배우자가 스트레스를 받고 있거나, 감정적으로 힘든 일

배우자를 배우자

이 있거나, 본인의 의견이 존중받지 않는다고 느끼거나, 자신감이 부족하거나, 대화가 싸움으로 이어질까 두려워하는 경우이다.

이런 경우에는 배우자에게 관심과 애정을 표현하고, 배우자의 감정과 생각을 존중하고, 배우자의 장점을 칭찬하고, 배우자와 대화를 하고 싶다고 말해야 한다. 배우자가 대화를 하기 편한 시간과 장소를 찾아서, 배우자의 취향과 관심사에 맞는 주제를 골라, 배우자의 말에 귀 기울여 듣고, 질문하고, 의견을 공유하고, 긍정적인 피드백을 자주 해주어야 한다. 또한 배우자와의 대화가 잘 되지 않는 다른 원인으로는 배우자가 자신의 주장을 절대적으로 옳다고 믿고, 타인의 의견을 인정하지 않고, 무작정 우기는 경우가 있을 수 있다.

배우자와의 대화가 잘 되지 않는 것은 결혼 생활에서 흔히 발생하는 문제다. 하지만 이 문제를 해결하기 위해서는 두 사람의 노력과 인내가 필요하다. 배우자와의 대화를 통해 서로의 사랑과 존중을 재확인하고, 관계를 개선하며, 행복을 찾아가는 것이다. 결혼 생활은 두 사람의 궁극적인 유대감을 바탕으로 한다.

결혼예식 때 힘들 때도 기쁠 때도 함께할 것이라고 주례사에 대답했겠지만 결혼 생활이 항상 매끄러울 수만은 없다. 크게 부부싸움을 하거나, 점점 서로가 멀어진다고 느껴질 수도 있으며, 그러다가도 다시 관계 회복을 위해 노력해야겠다는 생각이 들기도 한다. 서로 간의 사랑을 유지하기 위해 많은 헌신과 노력이 요구되는 일이 결혼이며 그 외 다른 방법은 없다. 많은 이해심과 노력 그리고 인내심만 있으면 결혼 생활을 더욱 행복하게 개선할 수 있다. 다시 한번 결혼식 때 맹세한 서약을 같이 기억해보자.

배우자와 대화를 시작하는 방법은 여러 가지가 있다. 배우자의 하루를 물어보라. 배우자가 오늘 무엇을 했는지, 어떤 일이 있었는지, 어떤 감정을 느꼈는지 등에 대해 관심을 보여주는 것이 필요하다. 배우자의 이야기를 잘 듣고 공감해 주면 배우자도 당신에게 더 마음이 열릴 수 있다. 또한 배우자의 취미나 배우자가 좋아하는 영화, 음악, 책, 운동, 여행 등에 대해 이야기해 보자. 배우자의 취미나 관심사에 대해 진심으로 궁금해하고 배우고 싶다고 말해 주고, 배우자가 당신과 공유하고 싶은 것이 있다면 적극적으로 들어주고 의견을 나누는 시간을 가져라.

배우자를 배우자

배우자에게 칭찬이나 감사의 말을 해주고, 배우자가 잘하는 것이나 좋아하는 것에 대해 칭찬해 주라. 배우자가 당신을 위해 해 준 일이나 당신에게 주는 사랑에 대해 감사의 말을 해주고 배우자에게 자신감과 행복감을 주면 배우자도 당신에게 더 다가오고 싶어 할 것이다. 배우자와 함께 새로운 것을 시도하거나, 재미있는 게임을 하거나, 웃긴 이야기를 하면 웃음과 즐거움은 대화의 장벽을 낮추고 서로에게 더 친밀감을 느끼게 해준다. 배우자와 대화를 시작하는 것은 어렵지 않다. 단지 배우자에게 관심과 애정을 표현하고, 배우자의 말에 귀 기울여 듣고, 배우자와의 대화를 즐기고 싶다고 말해 주면 된다.

많은 부부가 상대를 내가 원하는 모습으로 뜯어고치려고 애를 쓴다. 그러느라 비난하고 원망하고 싸우고 갈등하게 된다. 하지만 오랜 시간을 통해 깨닫는 사실은, 상대를 내가 원하는 모습으로 변화시킬 수 없다는 것이다.

이 사실을 깨닫는 순간 많은 부부들이 담을 쌓기 시작한다. 한마디로 몸은 함께 살지만, 정서적으로는 이혼한 상태가 되는 것이다. 많은 부부가 이렇게 단계적으로 잘못된 선택을 해서 고통스러운 시간들을 보내고 있다. 어떻게 해야 바른 선택을 할 수 있을까? 배우자의 좋은 점은 칭찬해 주고 단점은 단순히 점에 불과하다고 생각하고 배우자를 격려하자.

성공적 결혼은
완벽한 두 사람의 결합이 아니다.
두 불완전한 사람이 서로 용서와 포용을 배우는 것이다.
달린 샤흐트(Darlene Schacht)

배우자를 배우자

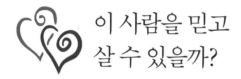

이 사람을 믿고
살 수 있을까?

많은 부부가 '정서적 이혼' 상태지만 실제 이혼은 하지 않는다. 겉으로 보기에 아내는 자녀를 돌보고 남편은 바깥일을 열심히 하는, 평화로운 가정처럼 보인다. 그러나 이처럼 깨진 관계로 힘겨워하면서도 어디다 하소연도 못하고 '무늬만 부부'로 사는 불행한 부부가 많다. 놀라운 것은, 오래된 부부 사이에 나타나는 이런 현상이 최근엔 젊은 부부 사이에도 나타난다는 것이다. 이러한 문제는 두 사람이 함께 해결하려는 강한 의지가 없으면 방법이 없다.

불화를 경험하는 부부의 경우 대개 한쪽은 "늘 함께하고 싶어"라고 말하고, 다른 한쪽은 "날 좀 내버려 둬"라고 말한다. 이 감정의 간격이 갈등을 증폭시킨다. 부부 문제는 어느 한순간 일어나는 것이 아니라 아주 오랜 세월 축적되어 한순간에 폭발하는 경우가 많다. 모든 부부는 사랑하는 배우자에게 보살핌을 받고 더 친밀해지고 싶어한다. 그러나 방법을 몰라서 부부가 서로 불통이 되고 속이 터진다. 강의할 때 "결혼 생활 만족하십니까?"라고 물으면 상당수 남편과 아내들에게서 서로 다른 답변을 듣는다. 남편은 대개 "아내와 별 갈등 없이 편안했고 만족한다"고 대답하는 반면 아내는 "우리가 부부인지 모르겠다"는 반응이 많다.

또 "대화도 별로 없고 고생만 너무 많이 했다"고 말한다. 결혼 생활의 만족도에서 남편과 아내의 차이가 크게 나는 것이다. 사람마다 만족도가 다를 수 있으니 그 차이는 가볍게 무시해도 좋을까? 그런데 문제는 '만족스럽다'는 남편에게 아내는 분통을 터뜨린다는 것이고, 그런 아내를 남편은 이해하지 못한다는 것이다. 왜 그럴까? 그 이유는 가정에 대한 남편과 아내의 무게중심이 다르기 때문이다.

모든 부부가 그런 것은 아니겠지만 대체적으로 갈등을 일으키는 가정의 남편과 아내를 보면, 아내는 자신의 삶과 노력을 대

배우자를 배우자

부분 가정에 쏟는 것에 비해, 남편은 절반 정도만 마음을 쏟는 경우가 많다. 그런 까닭에 가정에 문제가 일어났을 때 남편과 아내가 느끼는 심각도가 다르다. 부부간의 갈등이 일어났을 때 그것에 반응하는 태도에도 차이가 날 수밖에 없다.

부부가 결혼 생활 중에 이런 차이에 대해 서로 깊이 대화하고, 그 거리를 좁히려는 노력을 하면 좋겠지만 대부분의 부부는 그렇지 못하다. 아내가 '고생스러웠다'고 느끼면 남편은 '그 정도면 괜찮지 않나'라고 생각한다. 아내가 "가정만 돌보느라 내 생활이 없었다"고 하면 남편은 "내가 못한 게 뭐냐"고 되묻는다. 남편이 "나 정도면 좋은 남편"이라고 주장하면 아내는 선뜻 동의하지 못한다.

부부 갈등은 승자도 패자도 없는 처절한 전쟁을 치르는 것과 같다는 사실을 필자는 누구보다 뼛속 깊이 통감했다. 왜냐하면 그 전쟁의 최전선에서 진퇴양난에 빠졌던 장본인이 바로 '나'였기 때문이다. 어느 날 아내가 이혼 이야기를 꺼냈을 때 나는 '말로만 듣던 이혼이 내게도 현실이 되었다'는 충격과 동시에, 도무지 원인을 찾을 수 없는 막막함에 빠졌다. 그때까지도 '나 정도면 괜찮은 남편이지'라고 생각했기 때문이다.

    부부의 갈등이 잦고 심각할 때, 부부는 서로에게 실망하고 화가 날 수밖에 없다. 이때 부부는 상대방의 장점을 잊고 단점만을 부각시키면서 '내가 이 사람과 평생 살 수 있을까?'라는 의문을 가질 수 있다. 부부의 갈등은 다양한 원인으로 발생할 수 있지만, 대부분은 서로의 의사소통이나 이해가 부족한 것이 큰 역할을 한다. 부부는 갈등을 해결하기 위해 서로의 입장을 존중하고, 감정을 표현하는 방법을 배워야 한다. 또한 부부는 갈등을 통해 서로를 더 잘 알게 되고, 관계를 더욱 강화할 수 있는 기회로 삼아야 한다. 부부의 갈등은 부부의 불행을 의미하는 것이 아니라, 부부의 성장을 의미한다. 부부가 싸우는 것은 더 이상 살고 싶지 않아서가 아니다. 같이 살고 싶다는 외침과 같다. 그러므로 부부싸움의 결말은 이혼이 아니라 행복한 가정 만들기를 바라는 것이다.

배우자를 배우자

내가 존재하는 목적은
단 한 사람에게 필요한 사람이 되기 위해서다.
비 파트낭

Part 2

싸우지 않는 부부가 위험하다

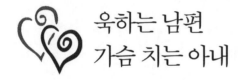

욱하는 남편
가슴 치는 아내

행복한 결혼 생활은 연봉이 네 배 이상 오른 것과 같은 심리적 효과가 있다고 한다. 그만큼 좋은 배우자를 만나서 행복한 결혼 생활을 하는 것은 일생일대의 가장 중요한 일이다. 그런데 행복한 결혼 생활의 비결은 배우자의 마음을 이해하고, 헤아리고, 공감해 주는 것이다.

사람의 성격은 가지각색이다. 감정 기복이 심한 사람들도 있고 크게 감정이 동요하지 않는 사람들도 있다. 많은 아내들은 욱하는 성격을 가진 남편 때문에 고민하는 경우가 많다. 욱하는 남편 때문에 매일같이 마음 졸이면서 살아가는 아내는 말하기를 "저희 남편은 갑자기 욱하는 경향이 있어요. 그냥 일상적인 대화

배우자를 배우자

를 하다 보면 갑자기 말이 없어지면서 분위기가 싸해지거든요. 이 상황에서 100이면 100 화를 냅니다. 문제는 욱하는 남편이 화내는 이유가 제 머리로는 도저히 이해되지 않아요. 솔직히 이제는 남편하고 대화하고 싶지도 않아요. 욱하는 성격이 언제 튀어나올지 모르니까요."

아내는 남편의 욱하는 성격 때문에 매번 눈치를 보는 상황에 점점 지쳐가고, 특히 자녀들에게 이러한 상황이 부정적인 영향을 끼치기 때문에 어떻게 해결해야 할지 걱정하며, 이러한 남편 때문에 아내는 가슴을 치게 된다. 남편이 이러한 성향을 가지게 된데에는 원인이 있는데 감정적인 불안감, 스트레스, 심리적 양상 등과 관련이 있다. 이러한 성향을 가진 남편들의 경우 감정이 격해지면 스스로를 컨트롤하지 못하고 주변 사람들을 의식하지 못한 채로 화를 내는 특징이 있다.

이러한 성격의 사람은 아내의 말에 쉽게 화를 내기도 하지만, 본인 역시 상처를 잘 받는 타입이다. 흔히 부부싸움을 하고 나서 "나는 뒤끝이 없는 사람"이라고 말하는 경우가 여기에 해당하는데, 이러한 경우 아내는 이미 마음에 깊은 상처를 받은 상태이지만 남편은 그것을 알아채지 못한다. 대부분의 아내는 욱하는 성격이 언제 터질지 모른다는 불안감과 남편의 짜증을 다 받아주어야 하는 정신적 스트레스를 갖고 있다.

가슴 치는 아내들이 흔히 사용하고 있는 참거나, 피하거나, 같이 싸우는 방법들로는 '욱'하는 남편이 절대로 바뀌지 않는다. 시간이 지나서 괜찮아지는 것은 그저 감정이 가라앉았기 때문에 그런 것이지 '욱'하는 원인 자체가 해결된 것이 아니기 때문이다. '욱'하는 남편과 행복한 부부가 되기 위해서는 먼저 '남편으로부터 감정적 독립'을 해야 한다.

남편의 한마디 한마디에 끌려다니거나, 감정적으로 영향을 받거나, 남편의 감정을 다 받아주게 되면 '아내는 함부로 대해도 되는 사람'이라는 인식에서 벗어날 수 없게 된다. 그렇기 때문에 아내가 먼저 자신의 삶에 좀 더 집중하면서 남편으로부터 감정적인 독립을 해야 하고, 그 후에는 남편이 '욱'하고 나서 진정된 이후에 눈치만 보는 것이 아닌 남편이 잘못한 부분에 대해서 정확하게 말해 줄 수 있어야 한다.

결국, '욱'하는 남편과 가슴 치는 아내 사이의 감정 소통은 부부관계의 질을 결정짓는 중요한 요소이다. 서로의 감정을 이해하고 존중하는 것은 부부가 함께 성장하고, 더욱 행복한 관계를 만들어가는 데 필수적이다. 이러한 경우 배우자를 배워가는 것이 필요하며 정서적 친밀감과 공감을 통해 하나 됨을 이룰 수 있는데, 이러한 상황에서 중요한 것은 감정 소통이다. 남편은 자신의 '욱'하는 성격을 인식하고, 이를 개선하기 위한 노력이 필요하다. 아내 역시 남편의 감정을 이해하고, 차분하게 대화를 이끌어가며, 갈등 해결을 위한 전략을 마련하는 것이 중요하다.

누군가는 결혼을 '도미노 게임'이라고 정의했다. 도미노는 하나가 쓰러지면 나머지도 와르르 넘어진다. 부부 사이도 한 부분에서 문제가 생기면 도미노처럼 가정 전체로 영향을 미친다. 부부가 갈등하고 불화하면 자녀가 넘어지고 가정이 붕괴된다. 인생을 공중에서 다섯 개의 공을 돌리는 저글링에 비유한다. 각각의 공은 일, 가족, 건강, 친구, 그리고 영혼이다. 그런데 일이라는 공은 고무공이라서 떨어져도 바로 튀어 오르지만 나머지 네 개의 공은 유리로 되어 있어서 떨어지면 깨져 버리고 만다.

이제 부부는 자존심 싸움을 그치고 자녀와 가정, 그리고 주변 사람들에게까지 영향을 미치는 부부간의 불화도 그칠 일이다. 그래서 아름다운 가정을 일궈야 할 것이다.

행복한 결혼 생활에서 중요한 것은
서로 얼마나 잘 맞는가보다
다른 점을 어떻게 극복해 나가느냐다!

톨스토이(Leo Tolstoy)

배우자를 배우자

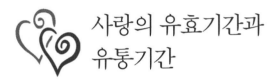

사랑의 유효기간과 유통기간

어느 날 맞벌이를 하는 부부를 상담하게 되었다. 보통 부부가 함께 일하고 집에 오면 남편은 아내보다 덜 일하게 된다. 그런데 아내는 똑같이 직장에서 일하고 들어오면 자신도 남편과 같이 힘들게 일을 하고 집에 들어왔음에도 불구하고 남편이 자신을 도와주지 않는 것에 대해서 많은 불만을 가지고 있었다. 특별히 남편은 아내가 얼마나 힘든지 공감해 주지도 않았고 전혀 감정적으로도 아내를 이해하지 못하고 있었다. 그래서 아내는 이런 남편과 더 이상 살 수 없다고 생각하고 "더 이상 이 이기적인 남편과 결혼 생활을 함께하고 싶지 않다"고 말했다.

부부가 살아가면서 행복한 순간도 있지만 불행한 순간도 있다. 행복한 순간은 신혼 때 가장 많이 느낀다. 그러다가 서로에 대한 오해와 불신, 실망감이 쌓이면서 불행이 싹튼다. 왜 오래 살수록 행복감과 멀어지는 걸까? 사랑의 유효기간은 보통 18-24개월이며 길게는 3년이라고 한다. 이 기간 중에는 연인에 대한 강한 집착이 생기면서, 이 사람이 아니면 안될 것 같고, 이 사람만 있으면 행복할 것 같은 착각에 빠진다.

또 상대의 좋은 점만 보이는 현상이 나타난다. 일명 콩깍지가 씌워지는 것이다. 그 이유는 뇌에서 분비되는 여러 호르몬 때문이다. 문제는 이 호르몬들이 일정 기간이 지나면 더 이상 분비되지 않는다는 것이다. 상대의 좋은 점만 보이는 콩깍지가 언제까지나 붙어 있지 않는다는 뜻이다.

콩깍지가 벗겨지면, 그렇게 좋게만 보이던 상대에게서 단점이 툭툭 튀어 나오기 시작한다. 말이 없고 듬직한 남자다움이 좋아서 결혼했더니 도대체 말이 통하지 않아서 분통이 터지게 된다. 명랑하고 발랄함이 좋아서 결혼했더니 도대체 너무 말이 많고 잔소리도 많아서 집에 들어가기가 겁난다. 권태기가 찾아온 것이다.

배우자를 배우자

권태기의 뜻을 '권상우가 태진아로 보이는 시기'라고 정의한 유머도 있다. 어느 부부에게나 찾아오는 권태기를 잘 넘겨야 위기로 치닫지 않게 된다. 그렇다면 어떻게 해야 이 권태기를 잘 넘겼다고 할 수 있을까?

환상은 빨리 깰수록 좋다. 모든 부부는 어느 정도 환상을 갖고 출발한다. 그러나 진정한 결혼 생활은 환상이 깨어지는 순간부터 시작된다. 상대에게서 발견되는 결점은 사실 애초에 상대에 대한 환상에서 비롯된 것이다. 그러므로 결점 자체는 아무 죄가 없다.

"당신이 바뀌기 전에는 같이 살 수 없어요."

"당신이야말로 살림 제대로 못하면 당장 이혼인 줄 알아!"

어느 부부의 대화다. 이들에게 왜 결혼했는지를 물었더니 "나를 편하게 해줄 것 같아서"라고 했다. 부부는 같은 곳을 보았지만, 거기에는 상대가 없다. 나만 있다. 이런 사람들에게 배우자의 진짜 모습은 용납하기 어려운 것이다. 그래서 나를 위해 '네가 변해라'고 끊임없이 요구하게 된다. 그럼에도 이들은 서로 자기만 희생했다고 분노한다. 그러나 상대가 내 뜻대로 변하지 않는 것을 참아 준 것이 과연 진정한 희생일까?

이 부부의 더 큰 문제는 서로에 대한 환상이 완전히 깨지는 순간을 두려워 한다는 것이다. 환상을 깨고 현실로 나올 용기가 없어서 문제가 생길 때마다 그 순간을 모면하는 것으로 회피했고, 그것이 갈등의 골을 더 깊게 만들었다.

부부의 진정한 사랑은 사랑의 유효기간이 끝났어도 유통기간은 평생 간다는 사실을 아는 것이 중요하다. 사랑의 유통기간은 끝이 없다.

당신은 어떤가? 배우자의 있는 모습 그대로를 인정하고 있는가? 아직도 내가 만든 허상에 상대가 맞추지 못하는 것을 원망하는가? 환상을 깰 용기도 없으면서 '우리 부부는 잘될 거야'라고 막연히 전망하는가? 배우자의 진짜 모습을 인정하라. 그가 바로 당신이 선택한 당신의 반쪽이다. 배우자의 있는 모습 그대로를 인정할 때 희망의 닻을 올린 항해가 시작될 것이다.

배우자를 배우자

당신의 삶의 질은
관계의 질이 결정한다.
토니 로빈스(Tony Robbins)

음치, 박치,
감치(?)

부부상담을 하다 보면 내담자가 "선생님, 남편의 공감능력이 너무 떨어져서 고민이에요"라는 말을 자주 듣게 된다. 관계지향적인 아내와 성취지향적인 남편이 만났으니 이런 고민이 드는 건 어쩌면 자연스러운 일인지도 모르겠다. 감수성이 풍부한 아내와 타인의 감정에 둔감한 남편이 함께 산다면 논쟁이 끊이지 않을 수 없다.

특히, 아내가 배우자인 남편과 아주 친밀한 관계를 원한다면 자신의 모든 감정에 깊이 공감해 주길 바란다. 하지만 매일 살을 맞대고 사는 배우자라도 내가 느끼는 모든 감정을 깊이 헤아려 주고 공감해 주기란 쉽지 않다. 우리는 흔히 음을 잘 잡지 못하는

배우자를 배우자

사람을 '음치'라고 하고, 또한 박자를 잘 못 맞추는 사람을 '박치'
라고 한다. 또한 상대방의 감정에 둔한 사람을 '감치'라고 한다.
그런데 많은 남편이 배우자인 아내의 감정 상태를 잘 이해하지
못해서 부부싸움을 하게 되는 경우가 종종 있다.

부부상담을 위해 중년의 부부가 찾아왔다.

아내는 시부모와 같이 살면서 고부갈등의 상태에 있었고, 아
침 일찍 출근해서 저녁에 돌아오는 남편만 바라보며 지내는데 남
편은 아내의 힘든 마음을 알아 주기는커녕 "다른 사람들도 다 그
렇게 산다"고 말한다. 반대로 남편은 아내가 번번이 "서운하다,
맘을 못 알아준다"라고 말하는 것이 자신을 탓하고 비난하는 것
처럼 느껴져 남편도 아내에게 "점점 할 말을 잃어간다. 마음도
멀어진다"라고 했다. 시간이 갈수록 이 부부의 갈등은 골이 깊어
져 가고 있었던 것이다.

아내의 경우 자신이 원하는 마음 속의 이야기와 자신의 감정
을 남편에게 표현하고 싶어 했다. 그런데 남편은 아내를 사랑하
지 않아서가 아니라 감정 단어를 사용할 줄 몰랐다. 이 부부는 처

음에 사랑해서 결혼을 했을 것이다. 남편은 가족을 부양하기 위해서 밖에 나가 열심히 일하며 성실하게 살아왔지만 아내는 마음 한구석에 뭔가 늘 허전함을 느꼈다.

아내의 상태는 정신적인 스트레스와 고부갈등으로 피폐한 상태였다. 그런 아내의 상태에 대해 남편은 전혀 심각성을 느끼지 못하는 '감치' 남편이었다. 아내는 조금만 더 스트레스를 받으면 치료가 필요할 만큼 심각했다. 나는 남편에게 고부갈등의 원인은 어머니와 아내의 문제가 아니라고 말하며, 남편이 '남의 편'이 아닌 '아내의 편'이 되어야 함을 말해 주었다. 그 후로 남편은 아내의 감정을 먼저 공감해 줌으로써 부부가 회복된 경우가 있다.

부부는 배우자의 힘든 감정, 좋은 감정, 안타까운 감정, 속상한 감정, 사랑하는 감정 등의 감정 언어를 사용하여 마음 속 깊은 이야기를 나눌 때 친밀감을 느끼게 되는데, 아내는 자신의 마음을 전혀 알아주지 않는 남편이 원망스럽고, 남편은 원망하는 아내의 불평이 비난과 공격으로 느껴지면 마음이 점점 멀어지는 상황이 되어버리는 것이다.

배우자를 배우자

남편은 왜 감정 단어를 모를까? 통계적으로 남성은 여성에 비해 공감 능력이 떨어지고, 공감의 언어보다는 목표와 성취, 문제 해결적인 언어를 더 많이 사용한다. 특별히 더 공감 능력이 떨어지는 남성은 성장 과정에서 그렇게 학습되었기 때문인 경우가 많다.

"사내자식이 그렇게 쉽게 울면 못써!"
"남자가 무슨 말이 그렇게 많아!"
"남자가 힘들어도 참아야지!"

이런 메시지를 받고 자란 남자아이는 감정을 쉽게 내보이면 안 된다는 인식을 갖게 된다. 또한 감정을 표현했을 때 부모로부터 비난을 듣거나 혼이 나는 등 부정적인 반응을 경험했다면 감정을 표현하는 것은 나쁜 것이라는 생각을 하게 된다. 그래서 자신의 감정을 억누르고 회피한다. 그러면 점점 감정을 다루는 일이 어렵게 느껴지고 결국은 감정을 느끼지 못하는 사람이 되어 버리는 것이다.

감정을 느끼지 못하는 사람은 관계에서도, 사회생활에서도,

개인의 삶에서도 성공하지 못한다. 머리가 비상해서 좋은 대학을 가고, 좋은 회사에 취직을 해도 행복을 가져가기는 어렵다. 좋은 관계는 공감과 배려가 느껴질 때만이 가능하기 때문이다.

결혼할 땐 스스로에게 이런 질문을 해보라.
'내가 늙어서까지도 이 사람과 대화를 할 수 있을까?'
이 외에 다른 것들은 모두 일시적일 뿐이다!

니체(Nietsche)

배우자를 배우자

뭐가
미안한데?

남자와 여자는 다르다. 신기하게도 처음에는 많은 남녀가 서로의 다른 점에 끌려 사랑하고 조화를 이루며 살아간다. 그러나 살아가면서 충돌하고 싸우기 시작한다. 그러면서 상대방을 향해 "도무지 이해할 수 없는 그대"라고 부른다. 여전히 서로에 대한 차이점을 인식하지 못하는 것이다.

신혼 초 아내와 다투고 난 후에 화해하는 과정에서 나는 어려움을 겪었다. 화해하기 위해 나는 먼저 "내가 잘못했어"라고 말하면, 그냥 "그래"라고 사과를 받아 주면 좋은데, 아내는 꼭 "뭘 잘못했는데?"라고 되묻는다. 그러면 나는 빨리 화해하고 싶어서 "다 잘못했어"라고 말하면 아내는 또 "뭘 잘못했는지도 모르면서 다 잘못했다고 말한다"고 화를 낸다. 이러한 과정을 통해 남자들끼리 화해하는 방법과 아내인 여자의 화해하는 법이 다르다는 것을 알게 되었다.

남자들이 절대 빠져나오기 힘든 무한 루프가 있는데, 아내가 화가 났을 때, 남편이 "미안해"라고 하면 아내는 "뭐가 미안한데?", "몰라" 하면 "모르면서 미안해?" 하고 말하고, "알아" 하면 "알면서 그래?", 그리고 다시 "잘못했어" 하면 "뭘 잘못했는데?"라고 다시 무한반복으로 돌아간다. 참으로 남편의 입장에서는 대화가 '대 놓고 화 내는 것'으로 해석되는 순간이다. 부부싸움 후 남편이 잘못했다고 사과하는데 "뭐가 미안한데?"라고 묻는 아내의 속마음은 무엇일까? 이는 남편의 사과가 아내의 마음에 진정성이 느껴지지 않고 또 남편의 사과가 진심이 아니라고 생각하기 때문이다.

남편이 사과할 때 어떤 부분에서 잘못했는지, 왜 잘못했는지, 어떻게 바로잡을 것인지를 구체적으로 말하지 않고 단순히 "미안하다"라고만 말하면, 아내는 남편이 자신의 실수를 인정하고 반성하지 않았다고 느낄 수 있다. 그래서 아내는 남편의 사과가

배우자를 배우자

형식적이고 표면적이라고 생각하고 "뭐가 미안한데?"라고 다시 묻는 것이다. 아내는 남편의 사과가 충분하지 않다고 생각하기 때문이다. 남편이 사과할 때 아내의 감정이나 상황을 고려하지 않고 자신의 입장만 말하거나, 변명하거나, 사과를 강요하거나, 사과를 빨리 끝내려고 한다면 아내는 남편이 자신의 마음을 이해하고 배려하지 않았다고 생각한다.

그래서 아내는 남편의 사과가 부족하며 무례하다고 생각하고 "뭐가 미안한데?"라고 묻는 것이다. 또한 이렇게 묻는 또 다른 이유는 남편의 사과가 변화를 가져오지 않을 것이라고 생각하기 때문이다. 남편이 사과할 때 과거에도 같은 실수를 반복하거나, 사과한 후에도 행동이나 태도가 바뀌지 않으면, 아내는 남편이 자신의 약속을 지키지 않았다고 느낄 수 있다. 그래서 아내는 남편의 사과가 의미 없고, 믿을 수 없다고 생각하고, "뭐가 미안한데?"라고 묻는 것이다. 남편으로서는 참으로 난감해지는 순간이다.

결론적으로, 부부싸움 후 남편이 잘못했다고 사과하는데 "뭐가 미안한데?"라고 묻는 아내의 속마음은 남편의 사과가 진심이 아니고, 충분하지 않으며, 변화를 가져오지 않을 것이라고 생각하기 때문이다. 이런 속마음을 해소하기 위해서는 남편은 사과할 때, 자신의 잘못을 구체적으로 말하고, 행동이나 태도를 바꾸겠다는 구체적인 약속을 하고 실천하는 것이 필요하다. 그러면 아내는 남편의 사과가 진심으로 느껴지고 변화를 가져올 것이라고 믿고 화해할 수 있는 것이다.

남편이 아내에게 사과할 때 단순히 "미안하다"라고만 말하는 것은 아내의 마음에 닿지 않는다. 예를 들어, "기념일을 잊어서 미안해. 너를 소중하게 생각하는데 이런 모습을 보여주어 나도 마음이 아파. 다음에는 꼭 기억하고 예쁜 선물도 마련할게"라고 말하는 것이 좋다.

또한 아내가 왜 서운하거나 화가 났는지를 이해하고, 그런 감정을 받아주고, 공감해 주며, 위로해 주어야 한다. 사과를 강요하거나, 사과를 빨리 끝내려고 하지 않는 것도 중요하다. 예를 들어, "당신 마음을 잘 몰라줘서 미안해. 당신이 나의 어떤 부분에서 서운했는지 말해줘. 내가 잘 듣고 이해하고 싶어"라고 말하는 것이다. 부부간의 싸움은 불가피하고, 때로는 필요한 것이기도

하다. 하지만 부부싸움이 시작될 때는 빠르게 화해하고, 진정성 있는 화해를 하는 것이 수준 높은 행복을 경험하는 부부가 될 수 있다.

결혼만큼
본질적으로 자기 자신의 행복이 걸려있는 것은 없다.
결혼 생활은 참다운 뜻에서 연애의 시작이다!

괴테(Johann Wolfgang von Goethe)

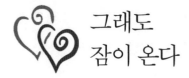

그래도
잠이 온다

아무리 건강한 부부라도 문제는 있다. 단지 문제가 있더라도 그들은 성숙하게 대처해서 현명하게 문제를 뛰어넘는다. 이 성숙한 대처가 부부 사이에는 반드시 필요하다. 그래서 아일랜드 속담에 "고립되는 것보다 차라리 다투는 것이 낫다"는 말이 있다. 부부가 '남'이 되지 않는 유일한 방법은 평소에 정서적 친밀감을 두텁게 쌓는 것이다.

대부분의 아내들이 남편에게 잔소리하고 공격적으로 대하는 것은 남편에게서 사랑의 반응을 얻고 싶어서다. 그런데 남편들은 아내의 이런 태도를 자신을 비난하는 것으로 받아들여서 상처를 받는다. 아내의 목소리가 커질수록 남편은 그 상황을 더욱 회

배우자를 배우자

피하게 되고 아내에게서 더 멀어지고 싶어 한다. 부부는 서로의 사랑과 존중을 바탕으로 결혼하고, 평생을 함께하는 가장 가까운 동반자다.

하지만 부부간의 대화나 행동에서 서로의 기대치나 감정을 충족시키지 못하면 싸움이 발생할 수 있다. 부부싸움은 부부관계에 균열을 일으키고, 심하면 이혼으로 이어질 수 있다. 그래서 부부싸움을 피하거나, 싸움이 발생했을 때는 빠르게 화해하는 것이 중요하다. 그런데 부부싸움 중 남편은 그 긴장된 분위기에도 잠이 온다. 그럴 때 "이런 상황에 잠이 오냐"는 아내의 말을 듣게된다. 남편이 싸움을 끝내려고 졸고, 잠을 청하면, 아내는 남편이 자신의 실수를 인정하고 반성하지 않았다고 느낄 수 있다. 그래서 아내는 "이런 상황에 잠이 오냐"라고 묻는 것이다.

부부싸움 중 남편이 잠이 오는 이유를 심리적인 면에서 분석해 보면, 남편은 싸움을 피하고 싶은 경우가 많다. 남편은 아내와의 갈등을 해결하는 것보다, 회피하고 싶은 것이다. 남편은 싸움을 통해 문제를 해결하거나 감정을 표현하는 것이 무의미하다고 생각할 수 있다. 그래서 남편은 싸움을 끝내려고 졸기도 하고, 잠을 청하면서 자신의 감정을 숨기고 상황을 회피하려고 하는 경우가 있다.

또한 남편은 싸움으로 인해 스트레스를 받고 있을 수 있다. 남편은 아내와의 싸움으로 인해 자신의 자존감이 상처받고, 고통스러운 감정을 느낄 수 있다. 남편은 이러한 감정을 해소하거나 조절하는 방법을 모르거나, 표현하기 어려울 수 있다. 그래서 남편은 잠을 통해 스트레스를 감소시키고, 감정을 안정시키고, 문제를 잠시 잊으려고 한다.

결론적으로, 남편이 잠이 오는 이유는 싸움을 피하고 싶은 성격이거나, 싸움으로 인해 스트레스를 받고 있기 때문일 수 있다. 이러한 이유를 파악하고, 남편의 감정과 상황을 고려하여 적절한 대화와 표현을 통해 부부관계를 개선하는 것이 좋다. 결혼을 통해 남녀가 얻고 싶은 것은 '정서적 안정감'이다. 그런데 상대에게서 이 정서적 안정감을 얻지 못할 때 상처가 되고 그것이 위기를 가져온다. 그래서 사람은 '사랑을 할 때 가장 상처받기 쉽다'고 한다.

우리는 우리가 가지고 있는 돈으로 침대를 살 수는 있지만 잠은 살 수 없다. 책은 살 수 있지만 지식은 살 수 없다. 집은 살 수 있지만 가정은 살 수 없다. 억만금으로도 살 수 없는 가정의 중심에는 부부가 있다. 부부가 가정을 회복하려고 노력하지 않는 한 가정은 유지될 수 없다.

하루에 남자는 약 7,000개 단어를 사용하는 반면에, 여자는 약 2만 5,000개의 단어를 사용한다고 한다. 이는 오늘 아내의 말을 안 들어 주면 다음 날 '5만 단어'를 들어야 한다는 이야기다. 그러므로 특별히 남자들이여, 아내의 말을 잘 들어 주자.

부부간의 대화에서 가장 중요한 것이 공감과 정서적 결합이다. 잘 들어 주되 호응을 해 주어 공감하고 있음을 확인시켜 주어야 한다. 그렇게 부부가 정서적으로 결합하게 되면 배우자를 향한 고정관념이나 편견은 사라지고 상호 간에 신뢰가 쌓이게 된다. 상담을 하다 보면 결과가 좋지 않은 경우가 있다. 외도가 심하거나, 폭력이나 중독이 있어서 깨진 부부는 관계가 회복되기 어렵다. 그럼에도 부부가 회복하고자 하는 의지만 있으면 희망이 있다. 어떤 부부도 성격 차이가 없을 수 없다. 성격 차이가 있는 것은 당연하다. 다시 말해 어떤 부부든 갈등이 있게 마련이다.

문제는 그 갈등을 아닌 척, 괜찮은 척, 없는 척하는 것이다. 그러나 갈등과 불화가 있다면 솔직하게 인정하고 허심탄회하게 이야기해서 해결해야 한다. 대화로도 안 된다면 상담과 같은 외부의 도움을 받아서라도 해결해야 한다. 그러면 소망이 있다.

결혼 생활은
가을에 나뭇잎을 보는 것과 비슷하다.
매일 끊임없이 변하면서
더욱 황홀하게 아름다운 모습으로 바뀐다.
폰 위버(Fawn Weaver)

배우자를 배우자

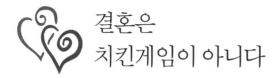

결혼은
치킨게임이 아니다

결혼하면서 불행을 기대하는 사람은 없다. 누구나 행복을 기대한다. 그런데 행복한 가정은 결코 혼자만의 노력으로 이룰 수 없다. 나만 희생하고 참으면 가정이 행복해질 것이라고 생각하는 사람이 의외로 많다. 그러나 결혼 생활은 어느 한쪽의 일방적인 희생으로는 절대 이뤄지지 않는다. 부부가 함께 만들어 가는 합작품이기 때문이다.

부부가 함께 노력하고 배려하는 결혼 생활이 아니라면 결혼은 '결'국 '혼'나는 일이 되고 만다.

맞벌이 부부가 싸우는 가장 흔한 이유는 뭔가 공평하지 못한 일이 일어나고 있다는 피해의식 때문이다. 아내는 직장에서 돌아와서도 가사와 양육으로 분주한데 남편은 한가하게 소파에서 TV만 보고 있다면 분통을 터뜨리지 않을 아내가 어디 있겠는가?

그렇게 부부싸움이 시작된다. 그러나 대개 부부싸움이 그렇듯이 본말이 전도되어 나중에는 서로 말꼬리를 잡고 늘어지며 유치하고 원색적인 싸움으로 끝이 난다. 후유증은 오래간다. 부부싸움은 그동안 남편과 아내가 속으로 쌓아 온 감정들을 터뜨리는 것이다. 만일 부부싸움이 잦다면 이 부부의 결혼 생활은 불신과 불만, 분노를 차곡차곡 쌓아 왔다고 봐야 할 것이다.

이러한 상황이 계속되면 마치 결혼은 치킨게임처럼 되어진다. 한밤중에 두 대의 자동차가 마주보고 상대 차를 향해 충돌 직전까지 돌진하는 것으로, 끝까지 핸들을 꺾지 않는 사람이 이기는 게임이다. 한마디로 담력 테스트라 할 수 있다. 만일 두 자동차가 끝까지 핸들을 꺾지 않으면 충돌해서 큰 사고가 날 수 있는 위험한 게임이기도 하다.

불행히도 많은 부부가 이러한 치킨게임을 한다. 자기 방식만

배우자를 배우자

옳고 자기 자존심만 중요해서 서로가 상대에게 자기한테 맞추어 변화하라고 요구한다. 이처럼 부부가 결혼해서 서로를 향해 돌진하다가 어느 한쪽도 지지 않으려 한다면 두 사람 다 위험해지게 된다. 자기 방식, 자기 생각만 고집하면 두 사람은 충돌할 수밖에 없고, 그러면 깊은 상처를 남기게 될 것이다.

굳이 맞벌이 부부가 아니어도 어느 한쪽이 희생하고 있다는 피해의식이 있으면 결혼 생활은 힘들어진다. 부부가 공평한 관계를 유지하려면 먼저 자신이 집안일에서 책임지고 있는 부분을 자세하게 알아야 한다. 그리고 뭔가 균형이 안 맞는다고 느끼면 솔직하게 털어놓고 서로 재검토하고 조정하는 것이 필요하다.

그러나 무엇보다 중요한 것은, 이런 과정을 거치면서 둘 사이가 나아질 것이라는 희망을 갖는 것이다. 부부간에 갈등이 커지는 이유는 조금만 문제가 생겨도 '우리 사이는 이제 끝'이라고 여기는 부정적인 생각 때문이다. 이런 갈등을 통해 더 친밀해지고 더 성숙해질 것이라는 긍정적인 생각을 가질 때 부부간에 솔직한 대화가 오가고 상대를 배려하며 신뢰하게 된다.

이제 부부는 치킨게임처럼 자존심 싸움을 그치고, 자녀와 가정, 그리고 주변 사람들에게까지 영향을 미치는 부부간의 불화도 그칠 일이다. 그래서 아름다운 가정을 일궈야 할 것이다.

결혼 생활이란
단순히 만들어 놓은 행복의 요리를 먹는 것이 아니라
행복의 요리를 둘이 노력해서 만들어 먹는 것이다.
피카이로

배우자를 배우자

 '나', '너' 대신
'우리'를

부부의 대화 시간이 충분하다고 생각하느냐고 질문하면 일반
적으로 남편은 "충분하며 만족스럽다"라고 대답한다. 그런데 아
내도 같은 대답을 할까? 대개 아내들은 "우리 부부는 너무 대화
가 부족해요"라고 말한다. 왜 남편은 대화가 충분하다고 생각하
고, 아내는 대화가 부족하다고 말할까? 남편들은 일방통행적인
말도 대화라고 생각하지만, 아내들은 공감하고 배려하는 대화만
대화라고 생각한다. 그러나 남편들은 아내의 따지고 비난하는 공
격적인 태도 때문에 공감적인 대화를 하고 싶지 않다고 말한다.

행복한 부부와 불행한 부부의 차이는 바로 여기에 있다. 행복
한 결혼 생활을 하는 부부는 남편도 아내도 서로를 만족시키는

대화를 한다. 그리고 이러한 대화를 통해 정서적 친밀감의 욕구를 충족시킨다. 어느 부부 모임에서 어떤 아내가 남편이 있는 자리에서 "저는 남편이 없습니다"라고 말했다고 한다. 그녀의 말은 같은 공간에 있어도 남편으로부터 정서적 친밀감을 느낄 수 없다는 뜻이었다. 행복한 부부는 서로를 있는 그대로 수용하고, 상대에 대해 깊이 관심을 기울인다. 배우자로부터 이 같은 지지와 신뢰를 받을 때 부부는 안정적인 생활을 영위할 수 있다.

얼마 전 상담실을 찾아온 아내는 남편이 자신에게는 차갑게 대하면서 다른 여자와는 친밀하게 통화하고 문자를 주고받는 것에 대해 심한 상처를 받고 이혼을 결심했다고 말했다. 남편은 왜 아내에게만 차갑게 굴까? 두 사람의 대화를 지켜보니 부부는 상대의 말에 귀 기울이지 않고 서로 자기 말만 하고 있었다.

예를 들어, 아내가 "내가 얼마나 외로운 줄 알아요?" 하면 남편은 "나도 정말 힘들고 외로워" 하는 식이었다. 남편은 아내가 자기 말만 들어 달라고 이기적으로 요구하는 것이 못마땅했고, 아내는 남편이 자기의 말에 공감해주지 않는 것이 불만이었다. 이 부부의 말 속에는 '우리'라는 단어가 없었다. '우리'라는 단어

배우자를 배우자

에는 어려움을 헤쳐 나갈 '동지'라는 상징적인 의미가 포함되어 있다. 부부간에 갈등이 있을 때, 싸울 때 싸우더라도 '우리'라는 단어를 일부러 많이 사용하자. 그러면 갈등이 쉽게 풀린다.

미국 UC버클리 대학의 로버트 레벤슨(Robert Levenson) 교수팀은 중년 이상의 부부 154쌍을 대상으로 결혼 생활 도중에 생기는 불일치나 갈등과 두 사람 간의 대화 방식 사이에는 어떤 상관관계가 있는지를 분석했다. 그 결과 모든 대화에서 '나', '너' 대신 '우리'를 즐겨 사용하는 커플이 서로를 긍정적, 우호적으로 대했으며 스트레스가 훨씬 적었다고 한다.

이에 반해 '나', '너' 같은 호칭을 많이 사용하는 부부는 결혼 생활에 만족하지 못했고 특히 나이 든 부부일수록 결혼 생활에 만족감이 적었다. 하지만 노년기의 남편과 아내는 중년 부부보다 '우리'라는 단어를 더 많이 사용했다. 오랜 세월 함께 힘든 일을 겪고 극복하면서 서로를 동일시하는 감정이 커졌기 때문이다. 그래서인지 부부갈등 발생 빈도도 적었고, 갈등 해결도 쉬웠다.

결혼은 '우리'라는 큰 합집합이 '나'라는 원소를 아우르게 만드는 것이다. 또 그럴 만한 가치가 있는 것이다. 특별히, '고맙다'는 표현을 자주 할수록 부부 사이가 더 친밀해지는데, 그 말을 하는 사람이나 듣는 사람 모두 만족감과 책임감을 느끼기 때문이다. 이러한 친밀감은 배우자에게 전달되어 관계가 더 강화된다. 이제 개인성을 강조한 '나', '너' 같은 호칭은 줄이고 '우리'라는 단어를 더 많이 사용하자. 그리고 '고맙다'는 말을 더 많이 자주하자. 그러면 부부간 갈등이 훨씬 줄어들 것이며 행복한 부부가될 것이다.

잘 생긴 남편을 만나면 3년이 행복하고,
능력있는 남편을 만나면 30년이 행복하고,
현명한 남편을 만나면 평생이 행복하다.

예쁜 아내를 만나면 3년이 행복하고,
지혜로운 아내를 만나면 30년이 행복하고,
현명한 아내를 만나면 3대가 행복하다.

『탁월함의 그릇』 중에서

배우자를 배우자

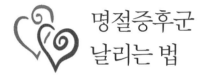

명절증후군 날리는 법

사람의 인격과 능력을 비난하고 비꼬는 말은 사람을 기죽게 만든다. 이런 말들은 듣는 사람의 가슴에 상처를 남기고 그 관계를 훼손시킨다. 특히 부부간에 비난과 방어, 반격, 경멸, 담쌓기 등을 지속적으로 하면 파국으로 치달을 수밖에 없다. 부부간의 갈등은 대개 나의 욕구가 충족되지 않을 때 상대방에게 불만을 표출하는 데서부터 시작된다. 가령 "쥐꼬리 만한 월급 가지고 웬 유세야?", "당신이 뭐 하나 제대로 하는 게 있어?", "당신 가족은 왜 그 모양이야?", "옆집 아빠는 또 승진했다던데", "당신 하는 일이 다 그렇지" 같은 말로 배우자에게 하는 비난은 상처를 남길 수밖에 없다.

상담 중에 아내나 남편에게 "내조(외조)를 잘합니까?" 하면 대개 자신 없이 말꼬리를 흐린다. 그런데 내조 혹은 외조라는 것이 별게 아니다. 배우자가 일상에서 편안한 마음이 되도록 배려하는 것이 내조이고 외조다. 아무리 사소한 배려라 해도 받는 입장에선 매우 고맙고 사랑스럽게 여겨지는 일이다. 배우자의 어깨를 으쓱하게 해줄 내조 혹은 외조의 기술은 생각보다 간단하다. '고맙다'와 '사랑한다'는 말을 자주하는 것이다. 사람은 누군가 자신을 전적으로 지지하고 있다고 느끼면 힘이 나고, 힘든 일이 생겨도 별로 흔들리지 않는다.

또 출근하는 남편이나 외출하는 아내에게 "어머~ 진짜 잘생겼다" 또는 "예쁘다, 옷이 정말 잘 어울리네" 하고 칭찬해 주면 배우자의 어깨가 으쓱해진다. 배우자가 힘들어할 때 아이들과 함께 힘내라는 영상편지를 보내면 배우자의 어깨가 으쓱해지는 것은 물론 감격해 마지 않을 것이다. 요즘처럼 경제적으로 어렵고 사회적으로 불안할 때는 누가 기죽이지 않아도 저절로 위축이 된다. 이런 때일수록 평생의 반려자인 배우자가 힘이 나도록 격려하고 용기를 주어야 할 것이다.

배우자를 배우자

명절 전후에 병원을 찾는 40-60대 주부들이 많다. 그들은 "시댁을 찾아 일할 생각을 하면 가슴이 답답해지고 한숨이 나오고 어깨가 무겁고 머리가 아프다"고 말한다. 명절 직후에는 "소화가 안 되고 머리가 어지럽고 속이 메스껍다"고 고통을 호소한다. 모두 '심리'와 관련된 병이다. 명절 전후에 이런 증세가 나타나는 경우가 많기 때문에 이런 현상을 '명절증후군'이라고 한다.

명절증후군은 명절로 인해 받는 스트레스로 정신적 또는 육체적 증상을 겪는 것을 말한다. 장시간의 귀향과 가사노동에 따르는 신체적 피로, 성차별과 시댁과 친정의 차별 등에서 생기는 정신적 피로가 스트레스를 유발한다. 특히 평소 관계가 불편한 시댁인 경우, 아내는 명절 음식 준비로 분주한 가운데 동서나 시누이 등의 도움을 받지 못하고 더구나 남편의 따뜻한 위로조차 받지 못하면 울화가 치밀어 오르게 된다.

이럴 때 남편의 역할이 절대적으로 중요하다. 행여나 "다른 여자들도 다하는 일인데 왜 그렇게 유난이야?"와 같은 말을 내뱉었다가는 아내를 더 화나게 만든다. 창피하지만 필자도 아내에게 그렇게 말해서 아내를 힘들게 하는 감치 남편이었다. 아내가 힘들어 할 때 "당신 참 수고 많았네. 당신 때문에 집안 일이 모두 잘 됐어"라고 진심 어린 한마디를 해 주자. 남편의 이 한마디면 아내의 스트레스는 한 방에 날아가 버린다.

아내들 역시 조금 힘들더라도 나의 수고가 다른 사람들을 행복하게 할 수 있다는 데 보람을 느끼게 된다. 또 아무리 힘들더라도 격분하는 말보다 따뜻한 말로 먼저 배우자 마음을 위로하자. 배우자가 나의 수고를 알아주지 않더라도 내가 먼저 따뜻하게 말하면 배우자는 나의 수고에 감사하게 된다. 따뜻한 말 한마디를 하지 못해 가정을 파국으로 치닫게 하는 명절증후군, 서로에 대한 배려와 따뜻한 시선이 필요하다.

좋은 결혼 생활은
사랑을 표현하는 방식이
변화와 성장을 가능하게 해준다.
펄 벅(Pearl Buck)

배우자를 배우자

Part 3

남녀의
차이를 알면
행복 시작

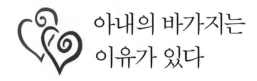

아내의 바가지는
이유가 있다

결혼하면서 불행을 기대하는 사람은 없다. 누구나 행복을 기대한다. 그런데 행복한 가정은 결코 혼자만의 노력으로 이룰 수 없다.

육십 세가 넘은 노부부가 성격 차이로 이혼하려고 변호사와 함께 마지막 식사를 하게 되었다. 남편은 아내에게 닭의 날개를 주었다. 날개를 받아 든 아내는 말했다. "당신은 항상 이런 식이야. 나는 닭다리를 좋아하는데 왜 당신은 물어보지도 않고 닭날개를 주는 거야?" 그러자 남편이 억울하다는 듯 말했다. "날개는 내가 제일 좋아하는 부위야. 먹고 싶어도 참고 평생을 당신한테 양보했는데, 이혼하는 날까지 그런 식으로 말해야겠어?"

배우자를 배우자

상대가 닭고기의 어느 부위를 좋아하는지조차 모르고 살았던 노부부는 결국 이혼했다. 서로를 몰라 생긴 오해가 부른 참극이다. 많은 남편들이 아내와는 도무지 대화를 나눌 수 없다고 말한다. 대화하다 보면 어느새 비난하고 화를 내며 싸우게 되기 때문이란다. 그래서 남편들은 아내가 대화하자고 하면 도망가고 싶어 한다. '아내는 왜 남편을 비난할까? 아내는 왜 공격적으로 말할까?'를 생각해 본 적이 있는가? 그 이유는 아내의 말에 공감해 주지 않기 때문이다.

여자는 남자보다 대체로 민감하고 예민하다. 그래서 남자보다 사소한 일에 상처를 받기 쉽다. 남편과 정서적으로 친밀감을 느끼고 싶은 욕구가 계속 무시되고 거절당하면 아내는 상실감과 좌절감을 느끼게 되어 더 이 욕구에 집착하게 된다. 그리고 이 집착은 결국 공격적으로 나타나게 된다.

마찬가지로 아내는 애착의 대상인 남편으로부터 사랑과 정서적 친밀감을 얻지 못하면 정서적 반응을 얻기 위해 대화를 시도하다가 나중엔 공격적으로 변하게 된다. 하지만 남편들은 이를 '바가지'로 이해한다. 그러므로 남편들은 아내가 공격적으로 돌변했다면 정서적 친밀감이 충족되지 못했다는 사인으로 이해하고 아내의 말에 귀 기울여주고 공감해 주어야 한다.

그리고 사소한 일에 관심을 가져 주어야 한다. 그러려면 친절과 배려의 태도가 중요하다. 특히 감정계좌가 비어있을 때 배우자는 상처받기 쉽고 매우 민감한 상태가 된다. 따라서 사소한 일에 무관심해 보이면 감정계좌는 금세 비어 버린다. 또한 사소한 약속이라도 지켜야 한다. 가족과 함께 시간을 보내기로 한 약속이라든지, 가사를 분담하기로 한 약속이라든지, 사소한 버릇을 고치겠다고 한 약속 등을 지키면 배우자의 감정계좌에 좋은 감정을 예금하게 된다. 어떤 아내는 상담을 진행하는 중에 남편이 변화를 약속해 놓고 계속 지키지 않아 오히려 더 불신하게 되었다고 했다. 사소한 것이라도 약속한 것은 반드시 지켜야 부부간에 신뢰가 쌓이게 된다.

배우자를 배우자

인간 삶의 목적은
사랑하고 사랑받는 것이다.
조르주 상드(George Sand)

남편들이 가장 무서워하는 말 '우리 대화 좀 해요'

아내와 데이트할 때에는 대화하는 것이 그렇게 좋고, 더 많은 시간을 함께 보내며 더욱 상대방에 대해 알고자 하는 욕구가 많아서 헤어지기를 아쉬워하며 밤을 새워 대화하고 싶은 심정이었을 것이다. 그러나 신혼이 지나고 결혼 생활의 기간이 길어질수록 남편에게는 '대화'라는 말이 부담스러워진다. 그래서 남편들이 아내에게 들으면 가장 무서워지는 말은 '우리 대화 좀 해요'라는 말이다. 남편의 경우 아내가 대화를 하자고 하면 '내가 오늘 또 뭘 잘못해서 대화를 해야 하나?'라는 생각을 하는 것이다. 다시 말해, 남편에게 대화란 '아내에게 혼나는 것'이라고 생각한다.

부부의 대화는 부부 행복에 매우 중요한 요소다. 하지만 많은

배우자를 배우자

부부들이 대화가 잘 되지 않아 고민하고, 특히 남편들이 아내와 대화를 어려워하는 경우가 많다. 왜 남편들은 아내와 대화를 어려워할까? 여기에는 여러 가지 원인이 있을 수 있는데, 먼저 남편들이 대화에 대한 필요성과 목적을 다르게 인식하기 때문이다. 일반적으로 남편들은 대화 자체를 문제를 해결하거나 정보를 전달하는 수단으로 보는 경향이 있다. 따라서 남편들은 대화를 할 때는 구체적이고 간결하며 명확하게 말하려고 하고, 불필요한 세부사항이나 감정적인 내용은 생략하려고 한다.

반면에 아내들은 대화를 서로의 관계를 유지하거나 감정을 공유하는 수단으로 보는 경향이 있다. 따라서 아내인 여성은 대화를 할 때는 자신의 생각과 감정을 상세하고 풍부하게 표현하려고 하고, 배우자의 반응이나 공감을 기대한다. 이러한 남녀의 대화 스타일의 차이로 인해, 남편들은 아내와 대화할 때 어려움을 느끼는 것은 당연하다. 아내가 말하는 내용이 너무 장황하고 복잡하게 느껴져서 주제를 파악하기 어렵다고 생각하고, 아내가 말하는 내용이 너무 감정적이고 주관적이라 논리적인 해결책을 제시하기 어려워한다.

아내가 말하는 내용에 대해 남편이 자신의 의견을 말하면 아내가 불만스럽거나 화를 내는 경우가 많다. 이런 어려움 때문에 남편들은 아내와 대화하기 싫어하고 대화를 피하는 것이다. 이는 아내에게는 남편이 자신에게 관심이 없거나, 존중하지 않거나, 사랑하지 않는다고 느끼고, 부부의 갈등과 불화를 야기할 수 있다.

그리고 남편들이 아내와 대화를 어려워하는 또 다른 이유는, 남편들이 대화를 할 때 느끼는 부담감과 스트레스 때문이다. 남성들은 여성들에 비해 대화에 민감하고 취약하다는 연구 결과가 있다. 즉, 남성들은 대화를 할 때 상대방의 말투, 표정, 몸짓 등에 영향을 많이 받고, 대화의 성공 여부에 대해 걱정하고, 대화의 결과에 대해 책임감을 느끼는 경향이 있다. 그래서 남성의 대화 민감성으로 인해, 남편들은 아내와 대화를 할 때 부담감과 스트레스를 느낄 수 있는 것이다.

특히, 아내가 말하는 내용을 잘 이해하고 반응해야 한다는 압박감을 느끼고 아내가 말하는 내용에 대해 자신의 의견을 잘못 표현하면 아내와 의견이 다르거나 갈등이 생길까 봐 걱정한다.

배우자를 배우자

아내가 말하는 내용에 대해 자신이 해결해야 할 책임이 있다고 생각하고, 해결하지 못하면 실패하거나 무능하다고 평가받을까 봐 두렵다. 이런 부담감과 스트레스 때문에 남편들은 아내와 대화를 하기 힘들어 하거나, 대화를 회피하는 것이다. 이는 아내에게는 남편이 자신을 이해하지 못하거나, 소통하지 못한다고 느끼게 할 수 있는 것이다.

그렇다면 아내는 이러한 남편과 대화하기 위해서는 어떻게 해야 할까? 남편이 힘든 일을 겪었거나, 스트레스를 받았을 때, 또는 피곤하거나, 집중해야 할 일이 있을 때에는 대화를 강요하거나 잔소리를 하지 않는 것이 좋다. 그러면 남편은 아내가 자신을 이해하고 배려해 준다고 느끼고, 대화에 긍정적으로 반응할 것이다. 반대로, 남편이 기분이 좋거나, 여유가 있거나, 대화를 원할 때는 적극적으로 대화에 참여하고, 남편의 이야기에 귀를 기울이고, 공감과 칭찬을 해주는 것이 좋다. 그러면 남편은 아내와의 대화가 즐겁고 편안하다고 느끼고, 대화를 더 많이 하고 싶어할 것이다.

결론적으로, 남편과 대화할 때 아내가 주의할 점은 남편의 감정과 상황을 고려하고, 남편의 의견과 생각을 존중하고, 남편의 요구와 기대에 부응하는 것이다. 이렇게 하면, 대화는 부부간의 사랑과 신뢰와 존중과 이해를 증진시키고, 부부관계는 더욱 풍요롭고 행복해질 것이다.

좋은 대화는
블랙커피처럼 활기를 주고 잠들기 힘들게 한다.
앤 모로우 린드버그(Anne Morrow Lindbergh)

배우자를 배우자

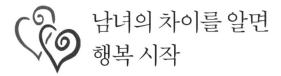

남녀의 차이를 알면 행복 시작

결혼은 환상이 아니라 현실이다. 결혼하면 마냥 좋지만은 않다. 행복한 부부에게는 나름의 비결이 있는 것처럼 불행한 부부에게도 그들 나름대로 불행해지는 비결이 있다. 20여 년을 서로 다른 환경에서 자란 남자와 여자가 만나서 사랑이라는 감정 하나만 믿고 결혼을 한다. 남자와 여자는 생김새가 다르듯이 사고방식도 다르다. 더구나 자라온 환경과 습관, 생활 방식도 다르다. 이 다름을 이해하지 못하면 오해만 쌓이고 결국 불행으로 치닫게 된다. 흔히 잘못하면 "결혼은 아름다운 오해로 시작해서 비참한 이해로 끝난다"라고 말하는 이유가 이 때문이다.

결혼하면 상대방에 대해서 몰랐던 부분을 많이 알게 된다. 연애시절에는 서로 좋은 점만 보느라 여념이 없지만, 결혼이라는 현실로 들어가면 보이지 않던 단점들이 쏟아져 나온다. 환상의 숲에서 현실로 순간 이동한 부부는 이 때문에 한동안 갈등하게 된다. 우리 부부도 그랬다. 행복한 결혼 생활로 시작했지만 살아갈수록 갈등이 생겼고, 부부싸움도 많이 했다. 왜 이런 갈등을 겪으며 힘든 시간을 보냈는지, 그때는 이혼만 하지 않았을 뿐이지 '이혼급 부부'(?)로 살았다.

남자들은 배우자에게 인정받기 위해 살아간다. 그래서 승부욕이 강하고 언제든지 주목받고 싶어 한다. 남자들은 인정받기 위한 싸움은 평생에 걸쳐 계속된다. 남자들은 태어나는 순간부터 '가문의 후계자', '대를 이을 가장'으로 인정받고자 하는 욕망이 있다. 그리고 꿈꾸던 남성상에 부응하지 못하면 쉽게 마음을 다친다. 더구나 '남자는 강해야 한다', '남자는 울지 않는다'는 사회적 요구에 의해 남자들은 감정 표현을 절제한다. 고통과 굴욕감을 느껴도 말로 표현하지 않는다. 남자들은 경쟁자들로 넘쳐 나는 드넓은 외부세계에서 승리하기 위해 하루하루를 산다고 해도 과언이 아니다.

배우자를 배우자

배우자인 남자들이 무언가 하기를 원한다면 비판하지 않는 것이 좋다. 비판은 남자들을 부끄럽게 하고 고집스럽게 만들 뿐이다. 물론 반복된 잘못이나 중독은 사정이 다르다. 그러나 그런 것이 아니라면 남자들이 잘못을 저지르더라도 격려하고 칭찬해 주어야 한다. 잘못에 대해 비난하면 남자들은 거짓말하거나 침묵함으로써 실수를 인정하려고 하지 않는다.

이렇게 남자들이 자기 생각이나 마음을 말로 표현하기 어려워하는 데서 불통이 시작된다. 이러한 의사소통의 어려움에서 듣게 되는 많은 조언이 서로 입장을 바꿔 생각해 보라는 '역지사지'의 진리다. 당연히 상대방의 입장을 생각해서 내 행동을 결정하기를 훈련하면 좋다. 그런데 이것이 공허한 메아리처럼 들릴 때가 있다.

"그걸 몰라서 싸우나?" "바꿔서 생각해 봐도 이해가 안 되는데?" 역지사지로 생각해 보았는데도 이런 반응이 나오는 것이다. 심지어 "가만 입장을 바꿔서 생각해 보니 더 괘씸하네!"와 같은 반응이 나올 때도 있다. 이 세상 어느 누구도 다른 사람을 완전히 이해할 수는 없다. 결혼은 남과 남이 만나서 하나가 되는 것이다. 한 가족으로 살아왔고 한 부모 아래서 자랐다고 해도 서로를 다 이해할 수 없는데, 하물며 20여 년을 남남으로 살다가 하나가 된다는 것이 어떻게 쉬울 수 있겠는가?

어떤 부부는 추석에 싸운 것을 다음 해 설까지도 풀지 않았다고 했다. 아내는 이런 남편과 더 이상 살 수 없다면서 이혼 전에 상담 한번 받아 보겠다고 찾아왔다. 왜 아내들은 말하고 싶어 하는데 남편들은 듣지 않으려고 하는 것일까? 관계 지향적인 아내들은 그 관계가 깨어지면 회복하고자 대화를 시도한다. 그러나 남편은 이러한 아내의 대화 요구를 자신을 공격하기 위한 것이라고 생각해서 회피한다.

그래서 남편들이 가장 힘들어하는 아내의 말은 "이야기 좀 해요"이다. 남편들은 이 말을 들으면 때로 "공포스럽다"고 말한다. 남편과 관계 회복을 위해 대화하고 싶은가? 그렇다면 먼저 남편을 칭찬하라. 칭찬은 부부 사이의 대화의 문을 여는 열쇠다. 아내가 남편을 칭찬할 때 남편은 두려움을 내려놓고 기꺼이 대화에 동참할 것이다.

아내들이 받고 싶어 하는 감정은 사랑이지만, 남편들이 받고 싶어 하는 감정은 칭찬과 인정이기 때문이다. 부부는 서로 충분히 이해하기 때문에 결혼한 사람들이 아니다. 사랑으로 맺어져 결혼 생활을 통해 서로를 이해해 가야 하는 사람들이다. 따라서 행복한 가정은 남편과 아내가 서로를 진심으로 이해하고자 할 때 가꾸어 갈 수 있다. 행복한 결혼 생활은 당신과 배우자 두 사람의 공동 작품인 것이다.

결혼의 성공은
단순히 좋은 짝을 찾은 데에서 오지 않는다.
그보다는 좋은 짝이 되는 데에서 온다.
바넷 브리크너(Barnett R. Brickner)

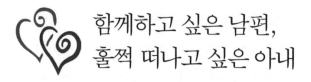

함께하고 싶은 남편,
훌쩍 떠나고 싶은 아내

정년 이후 가장 많은 시간을 보내는 곳은 가정이다. 그런데 한국의 중년 남성은 죽도록 일만 했는데, 정년퇴직의 시점에 와서 보니 마음을 나눌 사람도 없고, 그렇다고 아내나 아이들과 대화가 원활하지도 못하다. 부부는 평상시에 정서적 대화를 나눠본 적이 없으니 대화를 하려 해도 잘 되지 않는다. 그래서 아내들은 나이 들어가는 남편이 부담스럽고, 대화도 안 되고, 소통도 잘 안되기 때문에 남편의 정년퇴직과 동시에 부부관계에 큰 위기를 맞는 사람들이 많다.

그래서 진짜 부부생활은 은퇴 후 시작된다. 먼저 은퇴를 맞이한 남편은 이제 갈 곳이 없다. 집을 나서면 어디로 가야 할지를

배우자를 배우자

몰라 망설이다 결국 아침부터 밤까지 집에만 있는 '삼시세끼' 신세가 되는 경우가 많다. 그런가 하면, 남편이 직장생활을 했을 때 하루 종일 '자유'를 누리던 아내도 배우자의 퇴직으로 인해 갑자기 그 자유를 빼앗겨 버렸다.

이러한 상황 때문에 짜증과 스트레스가 쌓여 결국 심리적 균형이 무너지는 경우가 적지 않다. 그러니 남편을 대하는 행동과 시선이 곱지만은 않다. 남편이 '회사 인간'으로 집에 없었을 때에는 몰랐던 새로운 부부생활이 은퇴와 함께 시작되는 것이다.

그렇게 몇 달이 지나면 부부 사이에 권태와 불화가 고개를 든다. 반면 아내는 남편의 은퇴를 계기로 집에서 벗어나 새로운 활동을 시작하고 싶어한다. 친구들과 노래, 운동 동아리를 만들거나 여행 모임을 만들어서 억눌러왔던 대외활동을 시작한다.

특히 정년 이후 남성의 '관계 빈곤'은 삶의 위기를 가져오는 경우가 많은데, 현직에 있을 때 그 많던 친구들은 다 어디로 가고 만날 친구도 없고, 딱히 즐길 취미도 없다. 막연히 '회사 그만두고 실컷 놀아봐야지' 했지만 놀거리도 없다. 제대로 놀아본 적이 없기 때문에 자신이 뭘 좋아하는지조차 모른다. 많은 남성들이 '회사 인간'으로 만 살아왔기 때문이다.

정년을 맞아 집으로 돌아왔지만 대부분의 정년퇴직자들은 등산이나 산책, 취미 활동에 시간을 쏟아 붓는 것 외에는 별다른 계획이 없다. 그래서 집에서 삼시세끼를 다 챙겨 먹는 남편들도 있는데 그렇게 몇 달이 지나면 부부 사이에 불화가 찾아온다. 그래서 배우자와 대화도 안 되고 자신의 일도 없는 남편에 관한 유머가 있을 정도다.

은퇴 후 집에서 하루 한 끼도 안 먹는 남편을 '영식님'이라고 하고, 하루에 한 끼 먹는 남편은 일식 씨, 두 끼를 먹는 남편을 두식 군이라고 하고, 세끼를 꼬박꼬박 챙겨 먹는다는 '삼시세끼'라고 하고, 세 끼를 다 먹고 간식까지 먹는 남편을 '간나 세끼', 마지막으로 간식 먹고 야식까지 먹으면 '종간나 세끼'라는 말도 생겼다.

이 유머는 무엇을 말하는가? 정년 이후 자신의 일과 가족과 부부의 소통이 없다면 이렇게 된다는 것을 말하는 것이다. 한국

배우자를 배우자

보다 '은퇴남성증후군'을 한발 먼저 겪은 일본에서는 관련 서적이 수두룩하다. 『더 늦기 전에 아내가 꼭 알아야 할 은퇴 남편 유쾌하게 길들이기』, 『갈 곳이 없는 남자, 시간이 없는 여자』라는 책에서도 관계 빈곤에 시달리는 남자와 시간 빈곤에 시달리는 여성을 대비해 다룬다. 남성은 나이가 들수록 관계 빈곤에 시달린다.

한마디로 '푹 쉬고 싶은 남자와 훌쩍 떠나고 싶은 여자가 한 집에 산다'는 것이다. 인생 후반전에 긴 인생의 여정을 누구보다 함께 보내야 하는 부부는 가족과의 친밀감을 갖는 대화법을 미리 배우고 실천해 보면서 서로의 꿈에 대해 계속 대화를 나누어야 한다. 노년기에 무엇을 성취하고 싶은지, 시도해보고 싶은 변화가 얼마나 많은지에 대해서도 이야기해야 한다. 그리고 상대방의 생각을 어느 정도 받아들여 무엇이 각자 나눠서 해야 할 일인지, 무엇이 함께 노력해야 할 것인지를 나누어야 한다.

진실하게 맺어진 부부는
젊음의 상실이 불행으로 느껴지지 않는다.
왜냐하면 같이 늙어가는 즐거움이
나이 먹는 괴로움을 잊게 해주기 때문이다.
앙드레 모루아(André Maurois)

배우자를 배우자

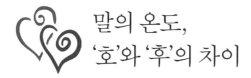

말의 온도,
'호'와 '후'의 차이

상담을 요청한 남편은 아내를 향해 "저 여자는 데이트할 때의 그 여자가 아닙니다. 이제는 말하기도 싫고 얼굴 보기도 싫습니다"라고 말했다. 아내는 "결혼 전에는 대화도 잘 통하고 자상하기만 할 것 같던 남편이 결혼 후에는 무뚝뚝하고 대화 자체가 안 됩니다"라고 말했다.

길게 이야기해도 남편의 대답은 "응" 한마디로 끝나거나, 아무런 반응이 없어서 답답하다고 하소연하는 아내들이 많다. 결혼하기 전에는 서로가 천생연분이라고 믿었고 그래서 "우린 정말 잘 맞아요", "우린 대화가 잘 통해요"라고 말했지만, 막상 결혼하니 싸울 일들 투성이다.

잡은 물고기한테는 먹이를 주지 않는다고 했던가? 결혼 전엔 그토록 꿀처럼 달콤하고 자상하던 남자가 결혼만 하면 돌변해서 무심하기 이를 데 없는 사람이 되어버리니, 안타까운 일이 아닐 수 없다. 부부가 행복하려면 먼저 말을 잘해야 한다. 오해가 생겼을 때 '미안해'라고 두려움 없이 말하고, 고마울 때는 '고마워'를 주저 없이 말하면, 배우자는 친밀감과 행복감을 느끼게 될 것이다. 아이들도 칭찬으로 자라지만, 결혼한 부부도 칭찬으로 관계가 성숙해진다. 서로를 바라보는 관점을 조금만 더 부드럽게 한다면 남편은 아내에게, 아내는 남편에게 이보다 더 든든한 지원자가 없고 힘이 나는 내 편이 없다.

말에도 온도가 있다. 따뜻한 말과 차가운 말이 있는데, 따뜻한 말은 배려하는 마음에서 나온다. 그래서 진정성을 담은 따뜻한 말은 배우자의 마음을 움직이고, 때론 감동을 준다. 반면 차가운 말은 배우자의 마음을 얼어붙게 하고 마음의 상처를 주기 쉽다. 지금까지 당신은 어떤 온도의 말을 배우자에게 해 왔는가? 자신의 생각과 감정을 배우자에게 배려 없이 혼자 속사포처럼 쏟아 놓지는 않았는가?

배우자를 배우자

앞서 말에 온도가 있다고 했는데, 우리가 사용하는 말 중에 '호'와 '후'가 있다. 손을 입에 가까이 대고 '호'라고 말하면 따뜻한 말이 나온다. 즉, 손이 얼어 있을 때 '호'라고 불면 따뜻한 바람이 나온다. 반면에 '후'라고 불면 차가운 바람이 나와 더 얼어붙는 듯하다. 이처럼 말에는 온도가 있다.

배우자 사이의 대화는 서로에게 큰 영향을 미친다. 따뜻한 말과 차가운 말을 구분하여 사용하면 부부관계를 더 풍요롭게 만들 수 있다. 부부간 대화에서 유용한 팁을 생각해 보면 따뜻한 말에는 "사랑해", "고마워요", "당신의 노력을 정말 감사하게 생각해", "당신과 함께 있으면 너무 행복해" 등이 있고, 반대로 차가운 말에는 "왜 이렇게 늦게 왔어?", "너는 항상 그런 거야", "내 이야기를 듣지도 않아", "너는 왜 그 모양이야?" 등이 있다. 이러한 차가운 말을 듣게 되면 배우자에게 자연스럽게 마음의 문이 닫히고 친밀감은 사라지게 된다. 따뜻한 말은 배우자에게 격려와 사랑을 전달하며, 차가운 말은 상처를 줄 수 있으니 주의해야 한다. 부부 사이의 대화는 서로를 이해하고 존중하는 자세로 이루어져야 한다.

또한 부부간의 대화에서 피해야 할 것들이 있다. 상대방을 비난하거나 비판하는 말은 대화를 불화로 이끌 수 있다. 대신 문제를 해결하고 상호 간의 이해를 도모하는 방향으로 대화를 이끌어가야 한다. 배우자의 의견이나 감정을 무시하거나 냉소적으로 대하는 것은 상처를 줄 수 있기 때문에 서로를 존중하고 이해하는 자세를 가져야 한다. 또한 화를 내거나 감정적으로 폭발하는 행동은 대화를 더욱 어렵게 만든다. 또한 과거의 실수를 계속 끄집어내거나 상기시키는 것은 건강한 대화를 방해할 수 있다. 과거를 뒤로하고 현재와 미래에 초점을 맞추어 대화하며 배우자를 존중하는 자세로 대화가 이루어져야 한다.

배우자 사이의 대화는 서로에게 큰 영향을 미친다.
따뜻한 말과 차가운 말을 구분하여 사용하면
부부관계를 더 풍요롭게 만들 수 있다.
본문 중에서

배우자를 배우자

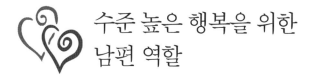

수준 높은 행복을 위한
남편 역할

부부 문제에 대한 임상심리학 박사 윌라드 할리(Willard Harley)는 행복하다고 말하는 부부를 대상으로 설문조사를 한 결과, 남자와 여자가 배우자에게서 충족 받고자 하는 부분이 다르다는 사실을 알아냈다. '남편과 아내가 서로에게 채워 줘야 할 부분이 무엇인가?'라는 질문에 순위를 정해서 아내들은 다음과 같이 답했다.

첫째, 자상한 태도와 지속적인 애정 표현이다.

아내는 남편으로부터 사랑받고 있다는 사실을 항상 확인하고 싶은 욕구가 있다. 따라서 아내에게 남편의 애정 표현은 매우 중요하다. 그러면 어떻게 하는 것이 애정을 표현하는 것일까? 남편들은 애정 표현이라고 하면 스킨십을 떠올리지만, 여자는 육체적 관계만으로는 충분히 사랑받는다는 느낌을 받지 못한다. 상냥한 말투와 로맨틱한 대화, 포옹, 선물, 이벤트, 꽃다발이나 사랑의 카드 등 여자는 여러 가지 채널을 통해 남편의 사랑을 확인한다.

아내가 "나 사랑해?"라고 물으면 남편은 "그걸 말로 해야 아나?"라고 대답한다. 청각에 예민한 아내는 달콤한 속삭임을 원하는데 시각에 예민한 남편은 육체적인 관계로써 사랑을 확인시켜 주려 한다. 아내는 남편과 육체적으로뿐만 아니라 정서적으로도 밀착된 사랑을 느끼고 싶어 한다는 걸 남편들이 알아야 할 것이다.

둘째, 대화 상대가 되어 주는 것이다.

오래 산 부부일수록 대화가 없다. 아내가 이러쿵저러쿵 이야기를 늘어놓으면 남편은 "결론만 말해" 하고 아내의 장황한 설명을 잘라 버린다. 남편과 대화를 통해 정서적으로 친밀해지고 싶은 아내로서는 남편의 이 한마디는 선을 긋는 단절로밖에 받아들여지지 않는다. 그런데 사실 남편은 아내와 정서적으로 단절하려고 이렇게 말한 것이 아니다. 둘 사이에 왜 이런 오해가 생기는 걸까?

남편은 결과가 중요하지만 아내는 과정이 더 중요하기 때문에 남편과 아내의 대화 속도는 절대 같을 수가 없다. 또 남편은 아내가 어떤 문제를 해결해 줄 것을 바라고 말한다고 생각하지만, 사실 아내는 단지 남편과 이야기를 하고 싶을 뿐이다. 이 순간 아내가 남편에게 바라는 것은 아주 간단한 것이다. 아내가 하는 말에 그저 고개를 끄덕여 주고 짧게 호응해 주면 그만이다.

연애 시절, 남편은 아내를 기쁘게 해주려고 미리 준비한 이야기보따리를 풀어 놓곤 했을 것이다. 아무리 말이 없는 남자라도 연애를 하면 말이 많아진다. 하지만 결혼하고 남편이 되면 그 많던 이야기보따리가 순식간에 사라진다. 아내가 곁에 있어도 침묵만 지킬 뿐이고, 어쩌다 말을 붙이면 무뚝뚝하게 간단히 대답한다. 이제 아내가 말을 걸어올 때 대답하는 방법을 배워 보자. 아내가 "힘들다"고 하면 "뭐가 힘들어?"라고 말하지 말고 "당신이 힘들구나"라고 대답하자. "외로워"라고 하면 "당신이 지금 외롭구나"라고 대답해 주자. 이것을 일명 '구나법'이라고 한다. 한 말을 그대로 반복만 해 줘도 이해받고 위로받는 기분이 든다. 배우자가 나로 인해 위로 받고 힘을 얻고 있다면 그보다 더 좋은 애정 표현이 어디 있을까? 결혼 생활이 어렵다면 배워서라도 아름답게 가꿔 가자.

사랑에는 한 가지 법칙밖에 없다.
그것은 사랑하는 사람을
행복하게 만드는 것이다.

스탕달(Stendhal)

배우자를 배우자

Part 4

배우자를
배워야
한다

배우자를
배우자

모든 부부는 행복하기를 원한다. 그럼에도 부부 불화를 겪으면 '저 사람은 왜 저럴까?'를 생각하며 서로를 원망한다. 그렇게 한없이 행복할 것만 같았던 부부 사이가 서로 단점만 지적하면서 마음에 상처를 주는 사이가 된다. 불화는 모든 부부가 경험한다. 겉으로 행복해 보이는 부부라 할지라도 사실은 불화를 극복해서 행복하거나, 아직 사랑의 유효기간이 남아 있어서 행복한 것이다.

처음 만나서 호감을 느낄 때는 상대방에 대해 사소한 것이라도 다 알고 싶어서 안달이 난다. 그런데 결혼을 하고 나면 서로에 대해 모든 것을 다 안다고 생각해서 더 이상 궁금해 하지 않는다.

배우자(配偶者)를 한자로 보면, '짝을 지은 사람'이라는 뜻으로, 나와 결혼한 남편이나 아내를 말한다. 그런데 공교롭게도 한글에서는 '경험을 통해 알게 된다'는 뜻의 '배우다'와 발음이 같다.

외향적이고 성격이 급한 아내와 내성적이고 소극적인 남편이 있었다. 아내는 남편이 처가에서도 어울리지 못하고 집안일도 돕지 않는 것이 못마땅했다. 한편, 남편은 아내에게 무시당하는 것이 속상했다. 이 부부의 갈등은 점점 깊어졌고 가정이 해체 위기에 이르러서야 나를 찾아왔다. 상담을 통해 아내는 이 문제를 남편과 함께 해결해야 가정이 행복해질 수 있다는 것을 알게 되었다.

남편은 아내와 원활하게 소통하는 방법을 배우기 시작했다. 그리고 아내의 성격과 성향을 알게 되면서 이제는 원만한 대화를 이어갈 수 있을 것 같다고 했다. 평행선을 그리며 좀처럼 가까워지지 않던 부부 사이가 마침내 교차점에 도달한 것이다. 부부갈등을 해결하고 싶다면, 무엇보다 상대의 부족한 점과, 나와 다른 점을 당연한 것으로 받아들여야 한다. 그런 다음 상대를 배워서 이해하려고 노력해야 한다.

그리고 배우자와 함께하는 시간을 자주 가지면서 나 자신에 대해서도 상대에게 알려 주려고 노력해야 한다. 또한 배우자에게 사랑받는 존재임을 자주 확인시켜 주어야 한다. 배우자에 대해 잘 알고 있다고 생각하는가? 다 안다고 생각하지만 전혀 모를 수 있다.

남자와 여자는 여러 면에서 너무 다르다. 서로의 차이를 알고 그 차이를 인정한다면 행복한 관계를 유지할 수 있지만, 그렇지 않으면 서로 아픔을 겪게 된다. 그 차이를 극복하고 관계를 잘 유지하도록 하려고 많은 부부가 노력한다. 『화성에서 온 남자 금성에서 온 여자』, 『그 남자가 원하는 여자 그 여자가 원하는 남자』, 『머리 아픈 남편 가슴 아픈 아내』, 『왼쪽으로 가는 여자 오른쪽으로 가는 남자』, 『그 여자가 간절히 바라는 사랑, 그 남자가 간절히 바라는 존경』과 같은 책이 있다.

들쭉날쭉한 톱니바퀴가 잘 맞기만 하면 더 강력한 힘을 발휘하는 것처럼, 자석의 N극과 S극이 상반되지만 잘 만나면 강력한 힘을 발휘하는 것처럼, 서로 상극이 되는 플러스와 마이너스의 전기가 만나면 강력한 힘을 발휘하는 것처럼 서로 다른 남녀가

배우자를 배우자

조화를 이루면 큰 역사가 일어난다.

　20여 년을 서로 다른 환경에서 살던 사람들이 결혼하는 순간 하나가 되지는 않는다. 둘이 부모를 떠나 하나가 되려면 당연히 진통을 겪어야 한다. 자라 온 환경과 경험이 다르고 집안과 사고 방식과 습관이 다르다는 것을 인정하기까지 진통을 겪어야 한다. 그러므로 부부 불화는 진통이지 실패가 아니다. 진통의 시간을 보내고 나면 성공적인 하나가 될 것이기 때문이다. 그래서 행복한 부부가 되려면 배우자를 배워야 한다.

부부 불화는 진통이지 실패가 아니다.
진통의 시간을 보내고 나면
성공적인 하나가 될 것이기 때문이다.
그래서 행복한 부부가 되려면 배우자를 배워야 한다.
본문 중에서

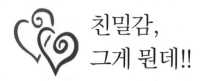

친밀감,
그게 뭔데!!

부부행복은 결혼 생활의 목표이자 가치이다. 부부행복을 높이기 위해서는 여러 요인이 있지만 그중에서도 '친밀감'은 특히 중요한 역할을 한다. 친밀감이란 부부간에 서로에 대한 이해와 신뢰, 정서적 연결, 성적 만족 등을 포함하는 관계의 깊이와 밀도를 의미한다. 친밀감이 높은 부부는 서로에게 편안하고 안전하게 느끼며 갈등을 잘 해결하고, 긍정적인 감정을 공유하며 삶의 만족도가 높다. 반면에 친밀감이 낮은 부부는 서로에게 무관심하거나 적대적으로 느끼며 갈등을 회피하거나 공격적으로 대응하고, 부정적인 감정을 쌓아가며 삶의 만족도가 낮다.

그렇다면 부부는 어떻게 친밀감을 높일 수 있을까? 배우자에게 관심을 보여주는 것이다. 부부는 서로의 생각, 감정, 희망, 꿈 등을 잘 알고, 존중하고, 지지하는 것이 필요하다. 배우자의 하루가 어떠했는지 물어보고 들어주는 것이다. 또한 배우자가 좋아하는 음식을 알고 관심을 보여주면 부부는 서로를 더 신뢰하고 존중하게 된다.

또한 부부는 서로의 감정을 솔직하게 표현하고 반응해야 한다. 자신의 기분이나 생각을 말하고, 배우자의 기분이나 생각을 물어보고 공감하는 것이다. 이렇게 정서적으로 소통하면, 부부는 서로에게 편안하고 안전하게 느끼며 갈등을 잘 해결하고, 긍정적인 감정을 공유하게 된다.

부부행복의 키 '친밀감'은 부부간에 서로에 대한 이해와 신뢰, 정서적 연결, 성적 만족 등을 포함하는 관계의 깊이에 있다.

부부관계를 지탱하고 유지함에 있어 매우 중요한 요소 중의 하나는 바로 친밀감이다. 친밀감이 부부 사이에서 잘 형성되고 이루어진다면, 그 부부는 큰 행복감을 느끼면서 살아갈 수 있다. 또한 부부관계에서 친밀감을 느끼며 살아가기 위해서는 우선 친밀감이 무엇인지에 대한 정의가 분명하게 되어 있어야 한다. 친밀감(intimacy)이라는 용어는 본래 라틴어인 'intimus'(인티무스)에서 파생되었다. 인티무스는 "맨 안쪽의, 가장 깊은, 심오한"이라는 뜻을 갖고 있는데, 이것은 인간과의 상호관계에 있어 감정적이고, 인격적이며, 또 육체적으로 가깝고 친함을 암시하는 용어라고 할 수 있다.

부부상담 전문가인 노먼 라이트(Norman Wright)는 이러한 의미를 가진 친밀감을 자신의 책인 『사랑의 열쇠』에서 "애정 있는 유대감이며, 돌봄과 책임, 신뢰로 잘 짜인 줄이다"라고 말했다. 또한 "감정과 감각을 열어둔 대화이면서 감정적으로 중요한 사건에 대한 정보를 방어 자세 없이 주고받는 것"이라고 정의하고 있다. 이러한 친밀감의 정의 안에는 기본적으로 부부에게 있어서 남편이나 아내가 나의 이익을 앞세우기보다는 주로 배우자를 세워주고, 배려해 주는 의미를 담고 있다. 그래서 이러한 친밀감은 부부가 서로 온전한 관계를 맺고 살아가는 데 있어 필수적이고, 핵심적인 요소가 되는 것이다.

또한 부부의 친밀감은 부부에게 신뢰와 안정감을 준다. 부부가 서로에게 솔직하고, 충실하고, 책임감 있고, 일관성 있게 행동하면 부부는 서로에게 신뢰를 갖고 안정감을 느낀다. 부부의 신뢰와 안정감은 부부가 서로를 믿고, 의지하고, 자신감을 가질 수 있게 만든다. 부부의 신뢰와 안정감은 부부가 갈등과 위기의 순간에도 유연하고, 탄력적으로 대처할 수 있게 한다. 그리고 부부의 친밀감은 부부의 의사소통을 개선시킨다.

부부가 서로에게 관심을 보이고, 경청하고, 질문하고, 의견을 나누고, 피드백을 주고 받으면, 부부는 서로에게 더 개방적이고, 적극적이며, 효과적으로 의사소통을 할 수 있게 된다. 부부의 의사소통은 부부가 문제와 갈등을 해결하고, 합의와 협력을 이루며, 함께 성장할 수 있도록 돕는다.

친밀감은 애정 있는 유대감이며
돌봄과 책임, 신뢰로 잘 짜인 줄이다.
노먼 라이트(Norman Wright)

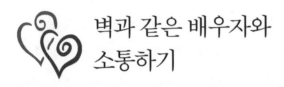

벽과 같은 배우자와 소통하기

"말이 안 통해요. 벽과 대화하는 기분이에요."

"남편은 제가 무슨 말만 하면 화부터 내요."

"제 말이 길어지면 남편 얼굴이 붉으락푸르락해요."

아내들이 호소하는 남편에 대한 공통된 불평이다. 남편들은
왜 이렇게 아내와 대화하는 것을 어려워할까? 남자들에게 대화
란 힘들고 버거운 일이다. 육체적 반응에 비해 언어적 반응이 현
저히 느린 남자들은 대화할 때 여자들보다 몇 배의 에너지를 필
요로 한다. 부부가 말다툼을 할 때 남편이 가장 많이 하는 말이
있다. "왜 지난 일을 꺼내는 거야?"이다. 오늘 당장 일어난 일에
집중하기도 버거운데 과거에 일어난 일까지 거슬러 올라가면 어

배우자를 배우자

쩌냐는 것이다.

가부장적인 환경에서 자란 남편이 있었다. 유별나게 남성 우월주의가 지배적인 집안이었다. 이 남편은 어렸을 때는 아무 생각 없이 지냈으나 철이 들면서 잔뜩 주눅이 든 어머니의 모습이 안쓰럽다고 느껴졌다. 그래서 그는 결혼하면 아버지처럼 권위적인 남편, 아버지가 되지 않겠다고 결심했다. 친절하고 자상한 남편이자 아버지가 그의 이상이었다. 그런데 막상 결혼하고 보니 자기도 모르는 사이에 아버지와 똑같이 말하고 행동하는 자신을 발견하게 되었다. 그러나 그런 자신을 깨달았을 때 아내는 이미 지옥과 같은 상황들을 경험한 뒤라 매우 지친 상태였다. 지금이라도 아내와 관계를 회복하고 싶었지만 쉽지 않았다. 아내와 대화를 나누려면 평행선을 달리는 것처럼 더 답답해질 뿐이었다.

남편들은 아내의 불평을 바가지나 잔소리쯤으로 치부하고 싶어 한다. 또 아내가 하는 불평을 이해하고자 노력하지도 않는다. 하지만 아내들의 불평에는 이유가 있다.

특히, 남편들이 부부간의 대화가 어려운 이유는 가부장적 문화와 권위적 문화 속에 자라왔기 때문이다. 이러한 가부장적 문화는 부부간의 대화에 영향을 미칠 수밖에 없다. 권위적인 가치관은 부부간의 의사소통이 어려워지게 할 수 있다.

또한 대화 방식의 차이가 있는데, 남성과 여성은 대화 방식에서 차이를 보일 수 있다. 남성은 문제해결이나 목표 달성에 집중하는 경향이 있어서 감정적인 대화를 피할 수 있다. 여성은 감정을 표현하고 공감하는 데 더 익숙한 경우가 많다. 이러한 차이 때문에 부부간의 대화가 어려워질 수 있다.

남자들은 다른 남자들과 비교당하거나 열등감을 느끼면 화를 낸다. 그냥 가볍게 넘어갈 수 있는 일이라도 참지 못하고 울컥한다. 경제력, 집안, 외모, 학벌 등 남자의 약점을 잡아 건드리는 일은 화를 자초하는 일이니 서로 피해야 한다.

불화를 겪는 많은 부부를 보면, 남편은 아내와 싸운 사실조차 잊어버리는 반면, 아내는 남편으로부터 받은 상처를 깊이 간직하면서 그것 때문에 고통스러워한다. 물론 그 반대의 경우도 있다. 남편이 아내에게 무시당한 상처는 쉽게 잊어버릴 수 없다. 이 상

배우자를 배우자

처가 부부간의 친밀감을 무너뜨리는 것이다. 많은 부부가 서로 뭔가 안 맞으면 '성격 차이'를 이유로 헤어지거나 물러섬 없는 분쟁으로 들어선다. 상대방의 이상한 습관, 황당한 행동, 낯선 반응, 다른 차원의 사고방식 등을 이유로 갈등하고 싸우고 헤어지고 괴로워하는 것이다.

결혼 전에는 그 사람 없으면 못 살 것 같더니 막상 결혼에 골인하자 언제 그랬냐는 듯 그 사람의 단점만 보인다. 뜨겁게 연애하고 결혼했지만 "사네, 못 사네" 하고 무섭게 싸우고 있지는 않은가? 서로 다른 사람이 한 곳에 살게 되니 당연하지만, 이 과정은 생각보다 만만치 않다. 행복한 결혼 생활을 위해서는 먼저 내 마음을 솔직하게 이야기하는 시간을 많이 가져야 한다. 혼자 생각하고, 혼자 해결하려 한다면 안 되는 것이 부부다. 또한 무조건 상대가 해 주리라 여기며 바라기만 해서도 안 된다.

친절의 어루만짐이 있다면
하루생활은 참으로 아름다울 것이다.
엘리스톤

배우자를 배우자

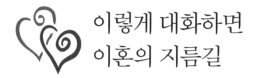

이렇게 대화하면
이혼의 지름길

결혼한 지 얼마 안 된 신혼부부가 찾아왔다. 남편은 연애 때는 몰랐던 아내의 급한 성격과 과격한 언어 때문에 힘들다고 했다. 상담하는 동안 아내는 자신의 잘못을 깨닫고 고치려고 부단히 노력했다. 그럼에도 남편은 아내의 잘못을 계속 지적했다. 그러면서 "우리 부부는 아내만 잘못을 고치면 아무 문제없다"고 말했다. 부부간의 문제는 상호보완적이다. 결코 한 사람만 잘못해서는 문제가 일어나지 않는다. 부부가 겪는 어려움은 함께 노력하고 풀어가야 할 숙제다.

부부 사이를 회복시키는 대화법이 있다면, '이혼을 부르는 부부 대화법'도 있다. 무엇인지 살펴보고 자신을 점검하도록 하자.

첫째, 배우자 성격을 놓고 왈가왈부, 지속적으로 불만을 이야기하는 것이다.

결혼을 하고 남녀가 함께 지내는 시간이 늘어남에 따라 콩깍지가 벗겨지는 것은 자연스러운 일이다. 그러나 상담하러 온 신혼부부의 남편은 결혼 후 느낀 배우자의 성격을 놓고 하나하나 지적하고 매일같이 불평했다.

둘째, 말로 표현하지 않아도 다 알 것이라고 생각하고 부부가 대화를 하지 않는 것이다.

신혼 초까지만 해도 서로의 일상에 대해 많은 대화를 나누던 부부가 시간이 흐를수록 굳이 말하지 않아도 다 알 것이라 여겨서 점점 더 대화가 줄어든 것이 이 부부의 또 다른 문제였다.

셋째, 배우자 가족에 대해 험담하는 것이다.

계속된 남편의 험담은 결국 아내에게 아물지 않는 상처를 남겼고 둘은 이혼을 생각하는 지경에까지 이르게 되었다.

배우자를 배우자

마지막으로 부부싸움이나 논쟁 후에는 이혼이나 별거 이야기를 꼭 꺼내는 것이다.

연애할 때도 헤어지자는 말을 쉽게 하더니, 결혼 후에도 크고 작은 싸움이나 논쟁이 벌어지면 쉽게 별거와 이혼을 이야기했다. 반복된 이별의 언급은 서로를 신뢰하지 못하게 만들고 결혼 후에도 안정감을 느끼지 못하게 만든다. 결혼 생활에서 누구를 탓하고, 누구에게 짐을 더 지우는 것은 자기 인생을 그렇게 무책임하게 살겠다는 것과 다르지 않다. 결혼한 부부는 자기 인생을 아름답게 가꾸어 나가는 데 힘을 모아야 한다.

자녀 문제로 고민하던 부부 중에 자녀에게 경각심을 주려고 "엄마 아빠, 이혼할 거야"라고 말했다가 실제로 이혼한 부부가 있다. 어느 한쪽이 꺼낸 "이혼하자"는 말이 상대로 하여금 마음에 상처를 주고 "그래, 갈라서자 갈라서!"와 같은 반응을 끌어낸 것이다. 진짜 이혼하고 싶은 게 아니라면 '이혼'이란 단어는 아예 머릿속에 떠올리지도 말아야 한다. 무의식중에 튀어나온 말이라도 반복되면 진짜 그런 마음이 생기게 된다. 말이 씨앗이 되는 것이다.

따라서 언제든지 말을 조심해야 한다. 특히 말을 할 때 형용사에 주의해야 한다. 형용사는 대개 행동의 잘못보다는 인격적인 모독감을 주기 때문이다. "남자가 쩨쩨하게 말이야"처럼 행동 자체를 지적하는 게 아닌 비꼬는 말로 들려 상대를 발끈하게 만든다. 또한 부부간에 시시비비를 가리겠다고 덤비지 말아야 한다. 부부간에는 관대함이 필요하지, 의로운 저울이 필요한 게 아니다. 남편이든 아내든 버럭 화부터 내는 습관을 버려야 한다. 설사 상대의 행동이나 말이 마음에 들지 않더라도 감정적으로 대응하는 것은 상대로 하여금 담을 쌓게 만든다.

그리고 부부싸움을 했을 때는 반드시 화해해야 한다. 싸움 중에도 "잠깐, 여기서부터 오해가 시작된 것 같아", "우리 둘 다 좀 차분해질 필요가 있어", "내가 좀 지나친 것 같아" 하면서 수시로 화해를 시도해야 한다. 이런 말들은 감정이 악화일로로 치닫는 것을 막는 상당한 효과가 있다. 싸움 후에도 마찬가지다.

마지막으로, 무슨 일이 있어도 잠은 같이 자야 한다. 아무리 치열하게 싸웠더라도 집을 나가는 것은 절대 금물이다. 결혼 전에 많은 부부가 싸우더라도 같은 침대에서 잠들기를 약속한다고 한다. 그만큼 중요하기 때문이다.

호화 여행보다 값진 마음의 표현이 중요한데, 부부의 관심사는 특별한 것이 없다. 행복하게 사는 것이다. 전문가들이 관찰하고 실험해서 얻은 행복한 부부에게는 이 두 가지가 있다고 한다. '긍정적인 감정 표현', '친밀감'이다. 어떻게 보면 그렇게 많은 시간과 돈을 투자해서 얻어 낸 결과치고는 너무나 당연해 보인다. 하지만 뒤집어 생각하면 이 당연한 것조차 많은 부부가 결실하지 못한다는 이야기다. 많은 부부가 반드시 서로에 대해 나쁜 감정을 갖고 있거나 심한 갈등이 있어서 멀어지는 것은 아니다. 서로 먹고살기 바쁘고 스트레스에 찌들어 살다 보니 배우자에 대한 배려와 관심이 줄어들어서 멀어지는 것이다. 그러므로 부부는 일상에서 함께 공유하는 시간, 관심사를 늘려야 한다.

부부간에는 일주일간의 호화 여행보다 일상에서 사소한 일이라도 공유하고 나누는 것이 훨씬 더 중요하다. 실제로 어떤 아내는 평소 무시하고 상처 주고 무심하던 남편이 여행을 가자고 하는데 하나도 반갑지 않다고 했다. 여행보다 평소 따뜻하게 격려해 주고 사랑한다고 말해 주는 것이 훨씬 더 필요하고 좋다는 것이다. 피치 못한 이유로 떨어져 지내는 부부라도 서로 함께하고 싶다는 안타까운 마음을 표현하면 된다. 그것이 공감과 친밀감을 느끼는 길이다.

인생의 최고 행복은
사랑받고 있다는 확신이다.
빅토르 위고(Victor Hugo)

배우자를 배우자

과거 청산 없는 미래는
있을 수 없다

결혼 생활 중 남편이 아내에게 준 마음의 상처를 치유해주는
방법은 무엇일까? 남편들은 아내의 외침을 알아야 한다. 그것은
'과거 청산 없는 미래는 있을 수 없다'는 것이다. 이 말은 과거에
주었던 마음의 상처를 공감해주고 치유해야 미래로 함께 갈 수
있다는 것이다. 부부싸움을 하는 이유를 가만히 살펴보면 결국
서로에게 이런 질문을 하고 있다는 것을 알게 된다.

"내가 당신에게 소중한가요?"
"힘들 때 당신에게 의지해도 되나요?"
"당신의 긍정적인 반응을 기대해도 되나요?"
"언제나 내 곁에 있어 줄 건가요?"

"나는 당신에게 인정받는 사람인가요?"를 묻는 것이다.

결혼을 앞둔 커플들에게 왜 결혼하려느냐고 물으면 이런저런 대답을 하지만, 그 말들을 한마디로 요약하면, 결국 '정서적인 안정감'을 얻고 싶은 것이다. 그러나 이것이 충족되지 못하기 때문에 부부는 불화를 겪는다. 당신은 지금의 배우자와 왜? 결혼하기로 결정했는가? 이 사람이면 평생 나의 편이 되어 험한 세상을 이겨 나갈 수 있으리라는 확신을 가지고 시작한 것이 아닌가?

아내는 사랑하는 사람과 결혼하면서 그 사람이 나의 안전지대가 되어 주고 누구보다 나와 정서적 친밀감을 가질 것이라는 기대를 갖는다. 그러나 철저히 내 편이 되어 줄 것이라 기대했던 남편은 시댁에 가는 순간 내 편이 아닌 '남의 편'으로 돌변한다. 시댁에서 '착한 아들'일수록 '남의 편'으로 심각하게 기울어진다. 여기서 부부갈등이 시작된다. 그래서인지 명절을 지내고 나서 이혼하는 부부가 많다. 기대가 낙심이 되는 순간인 것이다.

나 역시 너무 착한 아들이었던 까닭에 아내의 마음을 많이 아프게 했다. 그런데 문제는 내가 착한 아들이라서 생긴 문제가 아

배우자를 배우자

니라 결혼하면 부모를 떠난다는 것이 무엇을 의미하는지 몰라서 아내의 마음을 많이 아프게 했던 것이다. 나는 왜 아내가 힘들어 하는지 도대체 이해할 수가 없었다. 이렇게 한 사람은 '신'나고 한 사람은 '혼'나는 '신혼'을 보내는 부부가 참 많다.

부부는 남의 편이 아니라 서로의 편이 되어 주는 존재다. 부부간에는 정서적으로나 육체적으로 하나 되는 친밀감이 바탕이 되어야 한다. '감정계좌'라는 말을 들어 본 적 있는가? 은행에 계좌를 만들고 예금을 하고 필요할 때 인출할 수 있도록 잔고를 남기듯이, 감정계좌란 부부 사이에서 신뢰와 친밀감, 또는 미움, 원망 등의 감정을 축적해 놓는 것을 말한다.

이 감정계좌에 긍정의 감정이 많으면 부부 사이가 원만하고 행복하다. 그러나 감정계좌가 비어 있거나 부정적인 것들로 가득하면 둘은 위기를 맞이할 것이다. 상담을 요청한 한 아내는 너무나 심각한 우울증 증세를 보였다. 도대체 남편이 자신의 말을 들어 주지도 않고 짜증만 내며 따뜻한 위로의 말을 해주지 않는다고 호소했다. 그녀의 감정계좌는 바닥을 드러내고 있었다.

사랑을 충분히 받은 사람은 기분 나쁜 일이 있어도 웃으며 대응할 수 있다. 감정계좌에 사랑이 쌓여 있는 덕분에 좋지 않은 일이 생겼을 때 그것을 꺼내 쓸 수 있기 때문이다. 반면에 감정계좌에 불평과 미움, 시기가 쌓여 있는 사람은 멀쩡한 상황에서도 화를 내고 시비를 건다. 자신의 감정계좌에 있는 안 좋은 감정들을 다른 사람들에게 사용하기 때문이다. 진지한 사과는 마음의 상처를 어루만지고 내적인 안정감과 정서적 친밀감을 준다. 그러나 아무리 진정성이 있다 해도 실수와 사과가 자주 반복되면 예금은 커녕 깡통계좌가 되고 만다.

내 배우자의 감정계좌는 어떤 상태인가? 좋은 감정으로 든든하게 채워져 있는가, 텅텅 비어 있는가? 배우자 입장에서 이해하고 관심을 기울이며 사소한 약속이라도 반드시 지키고 잘못한 일에 대해 진지하게 사과함으로 배우자의 감정계좌에 좋은 것들로 예금을 많이 하자. 배우자의 감정계좌가 든든해야 나도 행복할 수 있다.

배우자를 배우자

남편들이
보통 친구들에게 베푸는 것과 꼭 같은 정도의
예의있는 말을 부인에게 베푼다면
결혼 생활의 파탄은 훨씬 줄어들 것이다.
화브 스타인

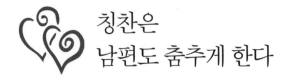

칭찬은
남편도 춤추게 한다

어느 날 아내가 남편의 눈을 지그시 바라보며 조용히 속삭이듯 말했다.

"당신은 내게 로또 같은 사람이에요."

남편은 아내의 말에 감격해서 눈빛까지 빛내며 물었다.

"정말? 정말 내가 당신에게 로또 같은 존재야?"

그러자 아내가 말했다.

"응. 하나도 안 맞아!"

서로 안 맞는다고 생각하는 부부가 많다. 서로가 생각하고 원하는 친밀감이 다르기 때문이다. 한쪽은 정신적, 신체적으로 완전히 밀착되는 관계를 바라는데, 다른 한쪽은 사생활 존중을 고

배우자를 배우자

집한다면 부부간에 갈등이 생겨나는 것은 당연하다.

부부 사이의 친밀감은 성격, 성장 과정, 부모의 태도 등에 의해 크게 영향을 받는다. 예를 들면, 부모가 어떤 형태로든 친밀감을 표현하는 분위기에서 자란 사람은 서로 살을 맞대고 말로 표현하는 것을 친밀감이라고 생각한다. 반면에, 무뚝뚝한 부모 밑에서 자란 사람은 그저 한 집에서 살고 있는 것만으로도 충분하다고 생각한다.

한편, 부부간의 친밀감은 부부가 처한 외적 상황의 영향을 받는다. 예를 들면, 부부 사이에 아기가 태어나면 특히 아내는 오로지 아기를 돌보는 일에 마음을 빼앗긴다. 이때 상대 배우자는 소외감을 느끼게 되고 이것이 자꾸 쌓이면 서먹서먹해진다. 남편이 바깥일로 바쁜 경우 아내는 충족되지 못한 친밀감을 아이에게서 얻으려다가 자녀의 성장을 망치거나 우울증에 빠지기도 한다. 남자들이 일과 친구에게서 구하던 친밀감을 아내에게 원할 때도 문제가 생긴다. 아내는 '이제 와서' 하는 마음에 원망이 앞서고 남편은 '그것도 이해 못해' 하면서 갈등이 커지는 것이다.

은퇴한 남편은 늘 아내와 같이 있길 원하지만, 아내는 자신만 따라다니려 드는 남편 때문에 스트레스를 받는다고 한다. 사실 은퇴 생활은 가족과 그동안 어떤 시간을 보내 왔느냐에 따라 달라진다. '제2의 인생'이 중요하고, 은퇴 이후 '16만 시간'을 잘 보내는 것이 중요하다고 아무리 강조해도 배우자와 화목하지 못하면 이 모든 것은 헛된 것이다.

아내가 설거지하는 동안 남편에게 "애 좀 봐 줘" 하면 남편은 그야말로 TV 보듯 눈으로만 아이를 본다. 아내는 그런 남편의 모습에 기가 막힌다. 아내들은 '남편이 이렇게 대충 말하면 알아듣겠지?' 하고 생각하지만, 남편들에게 무엇인가를 부탁해야 한다면 최대한 자세하게, 정확하게 이해할 때까지 설명해 줘야 한다.

예를 들어, "기저귀 좀 갖다 줘요" 하지 말고 "여보, 기저귀 세 개만 가져와요"라고 구체적으로 말하는 것이다. "목욕 끝나면 애 좀 챙겨요"가 아니라 "목욕 끝나면 수건으로 닦아 준 다음 로션을 두 번만 짜서 아이 얼굴이랑 팔다리에 발라 주면 돼요"라고 정확하게 말하는 것이다. "옷 좀 갈아 입히세요"가 아니라 "옷장 첫 번째 서랍에 티셔츠, 세 번째 서랍에 바지랑 양말이 있으니 아

배우자를 배우자

이 옷 좀 입혀 줘요"라고 말하는 것이다.

남편에게는 이렇게 구체적으로 필요한 일들을 말해 주어야 한다. 그리고 또한 남편이 한 일에 대해 칭찬하고 격려하는 것을 잊지 말아야 한다. "오늘은 아이랑 놀아 주려고 일찍 왔어?" 하고 환영하는 말을 하면 남편은 기분이 좋아져서 기쁨으로 아이들을 돌보게 된다. 남편을 지지하고 격려하는 말을 하면 남편은 더욱 신나서 아내를 도울 것이다.

어쩌다 한 번 하는 남편의 집안일이나 육아는 늘 반복적으로 하는 아내에 비해 어설플 수밖에 없다. 그래도 집안일과 육아는 나와 상관없는 일이라고 뒷짐만 지는 남편보다 훨씬 고맙지 않은가. 만족스럽지 않더라도 소소하게나마 집안일과 육아에 참여하려는 남편에게 "감사하다"고 말하자. "당신이 최고"라고 격려해 주자. 남편은 아내의 신뢰와 지지가 있을 때 실력을 백분 발휘하게 된다. 따라서 평소 가족들과 관계가 매끄럽지 못했던 사람들은, 앞으로 가족들과 더 많은 시간을 보내며 대화에 힘써야 한다. 칭찬은 남편도 춤추게 한다.

결혼의 성공은
적당한 짝을 찾는 데 있는 것이
아니라 적당한 짝이 되는 데에 있다.
텐드우드

배우자를 배우자

Part 5

결혼이란
퍼즐
맞추기

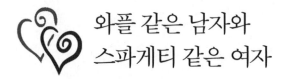

와플 같은 남자와
스파게티 같은 여자

부부 사이의 불화는 남녀차이와 대화법의 차이를 이해하지 못해 발생한다. 남자들은 문제가 발생하면 문제를 해결할 혼자 만의 시간이 필요하다. 자기만의 동굴에서 문제 해결에 몰두하고 싶어 하는 것이다. 그러나 아내는 남편과 머리를 맞대고 문제를 해결하고 싶어 한다. 다시 말해 대화를 통해 합의하고 싶은 것이다.

빌과 펨 파렐의 책『와플같은 남자와 스파게티 같은 여자』에 보면, 남자들의 생각은 와플처럼 여러 상자로 나뉘어 있다고 말한다. 각 상자에는 딱 한 가지 주제만 들어갈 수 있다. 생활에서 가장 중요한 일은 첫 번째 상자에 들어가고, 그 다음으로 중요한

배우자를 배우자

일은 두 번째 상자에 들어간다. 보통 남자는 한 번에 한 상자씩 열고 들어가 거기 머문다.

여자들이 문제를 처리하는 방식은 스파게티와 같다. 스파게티 면발은 서로 이리저리 얽혀 있다. 면발 한 가닥을 잡고 잘 따라가다 보면, 여러 면발과 만나게 되고, 면발을 끊지 않고 다른 면발로 옮겨갈 수도 있다. 모든 생각과 이슈가 서로 연결되어 있는 것이다. 서로 너무나 다른 와플과 스파게티 같은 배우자는 각자의 삶을 살아가며, 마치 서로 다른 맛과 향을 지닌 음식과도 같다. 그리고 때로는 그 음식들이 우리의 성격과 관계에도 영향을 미친다.

남편은 와플과 같은데, 와플은 견고하고 부드러운 면을 지니고 있다. 와플 같은 남자는 안정적이고 차분한 성품을 가지고 있다. 일상에서도 일관성 있게 행동하며, 상대방을 위해 항상 지지해주는 존재다. 한편, 아내가 스파게티와 같다면 어떨까? 스파게티는 끊임없이 엉켜 있는 모양을 가지고 있다. 스파게티적인 여자는 감정이 풍부하고 유연한 성향을 가질 것이다. 새로운 경험을 추구하며, 다양한 감정을 탐색하는 능력을 지니고 있을 것이다. 그러나 때로는 감정이 엉켜서 복잡해지기도 한다.

와플 같은 남자는 혼자만의 시간을 보내면서 문제를 이해하고 상한 마음을 회복한 남편은 그것으로 문제가 해결되었다고 생각한다. 그러나 스파게티 같은 아내는 대화를 통해 합의에 이르지 않았으므로 문제가 해결된 게 아니라 잠시 덮어 두었다고 생각한다. 그래서 비슷한 상황이 또 벌어지면 미완의 상태로 묵혀 두었던 상한 감정이 들고 일어난다. 아내의 속사포 공격이 시작되는 것이다. 이때 아내는 미완의 문제까지 해결하고 싶은 것이지만, 남편은 아내의 잔소리가 또 시작됐다고 여기게 된다.

여자는 우물을 길듯이 한 번 한 말을 자꾸 되풀이하는 경향이 있다. 이때 남편은 침묵으로 회피할 게 아니라 대화가 필요한 때라고 여기고 진지하게 대화에 임해야 한다. '굳이 말하지 않아도 아내가 알겠지'라고 생각해서는 안된다. 남편 입장에서는 굳이 말하지 않아도 되는 것이지만, 아내 입장에서는 반드시 대화를 통해 결론을 지어야 하는 것이다.

그러므로 남편은 아내가 어제 한 말을 또 한다면 귀를 기울여

배우자를 배우자

서 듣고 한마디로 정리해 주어야 한다. 아내의 입을 막거나, 화를 내거나, 윽박지르는 순간 호미로 막을 일을 가래로 막게 된다.

남편은 주로 직접화법을 사용하고 아내는 주로 간접화법을 사용한다. 예를 들어, 아내가 "외식 한 번 가지 않는다"고 투정하면 남편은 "왜 안 가? 저번에 갔잖아"라고 말한다.

그런데 남편들이 알아야 할 것이 있다. 아내가 말한 '한 번'은 진짜 한 번을 의미하는 것이 아니라 외식하고 싶다는 뜻이다. 여자들은 간접화법으로 자기 마음을 표현하기 때문이다.

배우자의 화법을 이해하면 사소한 갈등을 줄일 수 있다. 모든 갈등과 말다툼은 서로를 이해하는 통로이다. 갈등하지 않고 다투지 않는 부부는 서로를 이해할 기회가 없다. 그러므로 부부간에는 싸움을 꼭 부정적으로 생각할 필요는 없다. 중요한 것은 부부가 다투고 싸우되 상대의 말에 귀를 기울여야 한다는 사실이다.

상대를 이해하려면, 싸우고 다투는 극단적인 감정일 때, 그때 쏟아져 나오는 진짜 속마음을 들어야 한다. 부부는 단순히 같이 사는 사람이 아니다. 결혼 생활을 통해 서로 인격적으로 성숙하고 건강하고 아름다운 가정을 가꾸는 사람들이다.

남편의 사랑이 지극할 때
아내의 소망은 조그마하다.
안톤 체호프(Anton Chekhov)

배우자를 배우자

부부싸움은
쌍방과실

흔히 고정관념을 '고장 난 생각'이라고 말한다. 부부 상담을 오는 부부들에게는 공통점이 있는데 바로 서로를 향한 '고정관념'이 있다는 것이다. 이 고장 난 생각은 "너한테 문제가 있기 때문에 네가 고쳐야 한다"고 주장하는 것이다. 갈등과 불화를 경험하는 대부분의 부부들은 그 원인을 상대에게서 찾는다. 물론 어느 한쪽이 전적으로 잘못한 경우도 있다. 그러나 대부분은 쌍방이 잘못했거나 오해했고 실수한 경우다. 즉, 쌍방과실인 것이다.

그런데도 우리는 언제나 갈등이 생기면 누가 더 나쁜 사람인가를 따지고 싶어 한다. 아니 사실은 모든 문제는 너한테 있다는 결론을 얻고 싶어 한다. 그러나 부부간의 문제는 옳고 그름으로

가릴 수 있는 문제가 아니다. '누가 맞고 누가 틀리고'의 문제가
아니라 남편의 입장에서는 남편이 맞고 아내의 입장에서는 아내
가 맞는 것이다.

둘 다 맞는데 서로를 향해 틀리다고 말하는 이유가 무엇인
가? 서로 공감하지 못하고 이해하지 못하기 때문이다. 부부가 갈
등하고 싸우는 원인에는 여러 가지가 있다. 특히 시댁 문제나 자
녀 문제, 성격 차이 등이 원인이 된다. 그런데 분명한 사실 한 가
지는, 원인을 누가 제공했든지 부부가 불화하는 것은 부부 당사
자들의 문제라는 것이다.

『인간관계의 심리학』에서 "부부싸움을 할 때는 기본 원칙을
세우라"고 조언한다. 기본 원칙에는 "지금은 내가 너무 화가 나
있으니까 조금 가라앉거든 이야기해요"라고 하면서 지나치게 감
정적인 순간을 잠시 피하는 것도 포함된다.

또 부부싸움을 할 때는 배우자의 인간성이 아닌 행동을 문제
삼으라고 충고한다. "연락도 없이 늦는 건 너무 걱정 된다구요!"
와 같이 상대의 행동을 가지고 싸워야 한다는 것이다. 그리고 배

배우자를 배우자

우자를 코너로 몰지 말아야 한다. 비겁한 승리는 상대방에게 원한을 남긴다.

부부싸움 중에 남편의 고정관념은 '아내는 똑같은 말만 계속해서 반복한다'는 것이고, 아내의 고정관념은 '남편은 항상 내 말을 듣지 않고 회피한다'는 것이다.

실제로 대화할 때, 남편들은 '회피형'이 많고 아내들은 '공격형'이 많다. 그래서 남편들은 아내의 잔소리 때문에 일부러 야근을 해서 집에 늦게 들어가기도 한다. "정말이지 아내의 잔소리가 지긋지긋합니다"라고 호소하고, 아내들은 "남편은 도대체 내 말에 귀를 기울이지도 않고 대화 자체를 피합니다"라고 호소한다.

연애 시절을 떠올려 보라. 대화가 안 되어 힘들고 어려웠는가? 그랬다면 아마 결혼하지 않았을 것이다. 한때 당신들은 너무나 죽이 잘 맞는 커플이었다. 그런데 왜 두 사람 간에 말이 통하지 않게 되었는가? 우리 부부는 식성이 완전히 다르다. 연애 시절, 나는 아내가 좋아하는 레스토랑에서 스테이크와 빵을 즐겨 먹었다. 하지만 사실 나는 밥과 국을 먹어야 밥을 먹은 것 같다고 느끼는 정통 '한식파'였다.

결혼 후 나는 더 이상 스테이크와 빵으로 살 수 없었으므로 밥과 국을 요구했고 심지어 고집했다. 그러자 아내는 나에게 심한 배신감을 느꼈는지, 양식과 한식 두 종류의 식사를 차렸다. 이런 풍경은 한동안 계속되었다. 하지만 시간이 흐르면서 서로 다른 식성이 문제가 되지 않게 되었다. 팽팽하게 맞서기보다 서로의 취향을 이해하고 공감하는 것으로 전환했기 때문이다.

"사실을 넘어 진실을 보라"는 말이 있다. 부부간에 갈등이 생기고 불화가 일어난다면 겉으로 드러난 사실 이면에 감춰진 진실을 보아야 한다. 행복은 거저 손에 쥐어지지 않는다. 이해하고 배려하고 친밀해지려는 노력이 누적되다가 어느 순간 행복의 문으로 들어가게 된다.

지금 당장 행복하지 않다고 절망할 필요가 없다. 지금은 애쓰느라 힘들겠지만 언젠가는 노력하지 않아도 상대가 이해되고 공감되는 순간이 올 것이다. 그때가 바로 행복의 문이 활짝 열리는 때다.

배우자를 배우자

결혼은 서로의 약점을 이해하고
서로를 강화시키는 것이다.
프랭클린 P. 존스(Franklin P. Jones)

부부싸움은 살고 싶다는
절박한 외침이다

우울증 증세로 상담실을 찾아온 아내는 요즘 부쩍 몸무게가 늘었다고 했다. 남편으로부터 받지 못한 사랑을 먹는 것으로 채웠기 때문이다. 바닥 난 그녀의 감정계좌를 어떻게 채워야 할까? 우선 상대가 왜 그렇게 반응하는지 이해할 필요가 있다. 배우자의 입장에서 생각하고 이해하는 연습이 필요한 것이다. 아내 혹은 남편을 한 사람의 인격체로서 인정하고 깊이 사랑하며 내가 이해받고 싶은 것과 똑같은 방식으로 이해하면 배우자의 감정계좌는 플러스가 될 것이다.

그렇다면, 부부싸움의 진짜 원인은 무엇일까? 또 사소한 말다툼이 어처구니없는 파멸로 치닫는 이유는 무엇일까? 술, 외도,

배우자를 배우자

고부갈등, 경제 문제, 자녀 문제와 같이 부부싸움을 일으키는 원인들은 현상일 뿐 진짜 원인은 따로 있다. 부부싸움의 밑바닥엔 부부간에 '정서적 친밀감의 욕구'가 깔려 있다. 친밀감의 욕구는 식욕·수면욕과 마찬가지로 그날그날 채우지 않으면 안 될 인간의 기본 욕구다. 문제는, 식욕과 수면욕은 스스로 채울 수 있는 반면에, 친밀감의 욕구는 배우자를 통해서만 채워진다는 것이다.

부부가 깊은 친밀감을 경험하려면 세 개의 문을 거쳐야 하는데, 정서적인 친밀감, 육체적인 친밀감, 영적인 친밀감이다. 정서적인 친밀감은 대화와 배려를 통해 가능하고, 육체적인 친밀감은 스킨십을 통해서 가능하다. 영적인 친밀감은 종교적 믿음을 함께함으로 가능하다. 부부간에 정서적 친밀감이 사라지면 대화가 잘 이뤄지지 않는다. 화를 내든지 입을 다물어 버린다. 소통이 안 되니 자연히 오해가 싹튼다. 아내는 자신이 사랑받지 못한다고 생각하고, 남편은 가족에게 인정받지 못한다고 오해하게 된다.

그럴 때는 서로에게 "고맙다"는 말로 마음을 표현해 보자. 빨래를 하고 와이셔츠를 다려 주는 아내에게 "깨끗한 옷 입게 해줘서 고마워"라고 말하고, 퇴근해서 돌아온 남편에게 "오늘 회사에서 일하느라 힘들었지? 가족을 위해 열심히 일해 줘서 고마워"
라고 말하는 것이다. 이때 배우자를 가르치려 드는 대화법은 절
대 금물이다. 내가 먼저 변하려고 노력하면 배우자도 바뀐다. 정
서적 친밀감을 경험한 부부는 외도와 폭력 등 극단적인 원인으로
파경 위기에 처하더라도 회복할 수 있다.

그래서 거짓 친밀함은 '독'이다. 어떤 부부는 한참 상담을 하
던 중 이렇게 소리쳤다. "당신, 집에서 하던 대로 해 봐요!" 남편
의 거짓 친밀함을 못 참고 아내가 한마디 한 것이다. 부부 사이의
불화는 아무리 포장해도 드러나게 마련이다. 관건은 갈등이 생겼
을 때 '어떻게 해결하느냐'이다.

부부간에 상처를 받으면 어떤 법칙이 통하지 않는다. 당연하
고도 올바른 법칙이 있어도 그것을 기준으로 상대를 비난하고 원
망하면 부부간에 골만 깊어질 뿐이다. 그러므로 부부간의 문제는
일방적으로 어느 한쪽이 잘못해서 생기는 게 아니다. 많은 부부
가 문제가 무엇인지 몰라서 갈등하는 것도 아니고 해결방법을 몰
라서 다투는 것도 아니다. 문제는 서로가 절충하고 타협하고 양
보하지 않기 때문이다.

그런데 부부가 합의점을 찾지 못한 채 계속 갈등하고 반목하다 보면 어느 순간 싸우는 것도 지겨워져 손을 놓아 버리게 된다. 그래서 겉으론 괜찮은 척, 만족한 척, 행복한 척하며 살아간다. 겉으론 아무 문제 없어 보여도 이런 부부야말로 언제 터질지 모르는 핵폭탄급 문제 부부인 것이다.

어떤 아내는 오랜 상담 끝에 이렇게 말했다. "지겹게 싸울 때는 남편을 버리고 싶었는데 이제는 이해하려 한다." 부부 문제는 그저 세월에 맡긴다고 해서 좋아지는 게 절대 아니다. 그럴수록 불신의 늪으로 더 깊이 빠져들 뿐이다. 부부 사이에 문제가 생겼다면 바로 해결점을 찾아야 한다. 빠르면 빠를수록 훨씬 수월하게 해결할 수 있다.

대화에서 가장 중요한 것은
말하지 않은 것을 듣는 것이다.
피터 드러커(Peter Drucker)

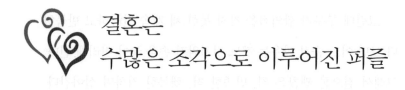

결혼은
수많은 조각으로 이루어진 퍼즐

어느 부부는 결혼이란 퍼즐을 맞추는 데 30년이나 걸렸다고 했다. 수많은 조각으로 이루어진 퍼즐은 부부가 합심해서 맞춰야 완성할 수 있다. 그런데 문제는 부부가 합심하기가 힘들다는 것이다. 어떤 부부는 성질이 급해서 완성도 되기 전에 포기해 버리고, 어떤 부부는 같이 맞추다 고함을 치며 싸우는가 하면, 어떤 부부는 울며불며 원망하기 바쁘다.

어떻게 해야 결혼이란 퍼즐을 완성할까? 결혼이란, 부부가 평생을 통해 조각을 맞춰 가면서 서로를 알아가도록 만든 퍼즐과 같다. 애초에 쉽게 맞출 수 없게 만들어진 것이다. 평생을 통해 맞춰야 한다니, 서두른다고 될 일이 아니다. 울며불며 원망해서

배우자를 배우자

될 일도 아니다. 신경질 내고 고함을 쳐서는 될 일도 안 된다. 인내심을 가지고 서로 격려하고 지지하면서 평생을 통해 맞춰 가야 한다.

어떤 부부는 상담을 하는 내내 아내가 한 마디도 못하고 눈물만 흘렸다. 다음 상담 때도 아내는 거의 울기만 했다. 남편은 몹시 당황했다. 그는 "그동안 아내에게 함부로 대하기도 했고 자기 생각을 강요하기도 했다"고 말했다. 하지만 아내라면 자신이 어떤 모습을 보여도 언제나 그 자리에서 자기에게 맞춰 줄 것이라 믿었다고 했다.

그런 아내가 어느 날 이혼을 요구했을 때 남편은 엄청난 충격에 휩싸였다고 했다. 뒤늦게 아내의 마음을 읽지 못한 자신을 자책하며 후회하고 있었지만 아내는 요지부동이었다. 아내는 더는 남편과 살 수 없다고 마음을 굳게 닫은 상태였다. 우리는 서로를 잘 안다고 생각하지만 사실은 더 많이 모른다. 모르면서도 안다고 생각하는 고정관념이 우리에게 있다.

우리는 배우자에 대해 거의 무지하다. 이 사실을 인정한다면 우리는 결코 배우자를 함부로 대할 수 없다. 서로 격려하고 지지하며 사랑하기를 힘쓰며 퍼즐을 완성하는 데 힘을 쏟아야 할 것이다. 그렇다면, 남편과 아내는 무엇이 다른가? 남자는 한 번에 한 가지 일 밖에 못한다. 하지만 여자는 설거지를 하면서도 동시에 여러 가지를 할 수 있는 '멀티플레이어'다. 심지어 차를 운전하면서 화장을 하고 동시에 먹기도 한다. 정말 감탄스럽다.

흔히 남자들은 양말, 차 열쇠 등 자신이 원하는 물건들을 제대로 찾지 못해 주위에 도움을 요청하는 경우가 많다. 그러나 여자는 아주 짧은 순간에도 기적처럼 원하는 물건을 잘 집어낸다. 이것은 여자가 남자보다 '시야'가 더 넓기 때문이다. 남자는 왜 신문을 보면서 여자가 하는 말을 듣지 못하는가? 남자는 왜 전화가 걸려오면 조용한 방으로 들어가는가? 남자의 두뇌는 한 번에 한 가지씩 특화된 일에만 집중하도록 구조되어 있기 때문이다.

반면, 여자의 두뇌는 다중처리가 가능하도록 설계되어 있어 서로 관련 없는 일을 동시다발로 처리할 수 있다. 텔레비전을 보면서 새로운 음식을 요리할 수 있다. 또는 라디오를 들으면서 전화도 받을 수 있다. 남자와 여자는 이렇듯 타고나기를 다르게 태

배우자를 배우자

어난 사람들이다. 부부가 불화하는 가장 큰 이유는 이 차이를 개인적인 일로 오해하기 때문이다. 오해는 오해를 낳는다. 그리고 그것은 무한반복 재생된다.

부부싸움에는 승패가 없다. 설사 이겼어도 피로스(Pyrrhus)의 승리일 뿐이다. 고대 그리스 에피로스의 왕 피로스는 로마와의 전쟁에서 두 번이나 승리해 이탈리아 반도를 재패했지만, 그 과정에서 병력을 너무 많이 잃어 패배나 다름 없는 승리를 거두었는데, 부부싸움이 이와 같다는 것이다. 그는 전쟁 후에 이런 말을 남겼다고 한다. "이런 승리를 한 번 더 했다가는 우리는 망한다." 부부싸움을 통해 상대를 이해하지 못한다면 그것이야말로 '상처뿐인 영광'이다.

행복은 거저 손에 쥐어지지 않는다. 이해하고 배려하고 친밀해지려는 노력이 누적되다가 어느 순간 행복의 문으로 들어가게 된다.

지금 당장 행복하지 않다고 절망할 필요가 없다. 이해하고 배려하고 친밀해지려는 노력이 누적되면 언젠가는 노력하지 않아도 상대가 이해되고 공감되는 순간이 올 것이다. 그때가 바로 행복의 문이 활짝 열리는 때다.

부부는 책과 같다.
태우는 데는 몇 초가 걸리지만
쓰는 데는 몇 년이 걸린다.

배우자를 배우자

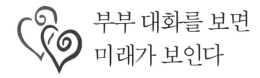

부부 대화를 보면
미래가 보인다

흔히 오랜 결혼 생활 끝에 찾아오는 감정적인 고갈 상태를 권태기라고 한다. 권태기는 어느 부부나 겪는 과정이지만, 그럼에도 그 기간이 너무 길어지면 부부관계에 위기를 맞게 된다. 결혼 생활을 하다 보면 많은 위기가 닥친다. 경제적인 위기뿐만 아니라 건강상의 위기, 시댁 혹은 친정 그리고 자녀 교육과 관련된 위기가 있는가 하면 배우자의 외도로 인한 위기도 있다. 그런데 부부가 이 위기를 지혜롭게 헤쳐 나오지 못하면 가정이 무너져 버린다. 한번 신뢰가 무너진 부부의 관계는 다시 회복하기가 쉽지 않다.

특히 배우자의 외도로 인한 위기는 다른 한쪽에게 깊은 상처를 남긴다. "더 이상 내가 누군지 모르겠어요." 배우자에 대한 배신감이 깊은 사람은 정체성의 상실까지 경험하게 된다. 지금까지 '나', '우리 집', '우리 가족'이라 믿었던 것들이 허상처럼 느껴지고 '나는 누구인가, 나는 왜 사는가?' 하는 근본적인 질문에 아무 대답도 할 수 없게 된다. 삶의 질서 감각도 잃어버리고 통제력도 상실해 버린다.

신뢰가 무너져서 상처받은 배우자를 회복시키는 일은 길고도 긴 시간이 필요하다. 그런데 정작 상처를 입힌 쪽은 잘못을 반성하고 용서를 비는 것으로 면죄부를 받았다고 생각한다. 나는 고백을 했고 잘못을 빌었으니 더 이상 이 일로 왈가왈부하지 않기를 기대한다. 하지만 설사 용서한다고 말했다 하더라도 상처 입은 배우자가 스스로 감정적인 혼란을 추스려 더 이상 문제 삼지 않겠다고 마음먹을 때까지는 아직 사건이 끝난 것이 아니다.

따라서 상처를 입힌 쪽은 자신의 잘못을 인정하는 것은 물론이고 잘못에 대한 책임을 지겠다는 자세로 배우자를 끝까지 기다려 주어야 한다. 한편 상처를 받은 쪽은 배우자에 대한 신뢰와 사랑이 회복되고 있음을 직접적이든 간접적이든 상대에게 알려야

배우자를 배우자

한다. 상처를 주었든 받았든 서로가 관계의 회복을 원하고 있으며 이를 위해 노력하고 있음을 상대가 느끼게 해야 한다.

『감정 코칭』으로 유명한 워싱턴 대학의 박사 존 가트맨(John Gottman)은 "부부간의 대화를 보면 그들의 미래를 예측할 수 있다"고 한다. 실제로 나 역시 상담을 위해 방문한 부부의 대화를 들어보면 그들이 화해하고 회복할 수 있을지, 아니면 결국 파국으로 치달을지가 예측이 된다. 가트맨은 부부가 마주 보고 이야기하는 모습과, 그때 그들의 심장박동수 같은 심리적 반응을 추적하는 장치를 통해 처음 3분간의 대화가 나머지 대화를 결정짓는다는 결론을 내렸다.

처음부터 맹렬히 공격하고 부정적인 표정을 짓는 부부는 대화 시간 내내 비슷한 패턴을 되풀이한다는 것이다. 한편, 원색적인 비난이 아니더라도 표정을 통해 상대에게 모욕감을 줄 수 있다. 입술이 경직되면서 한쪽 끝이 올라가는 것은 경멸감을 드러내는 전형적인 표정이다. 또한 방어적인 태도와 완강한 침묵도 맹렬하게 화를 내어 상대를 힘들게 하는 것과 같은 효과가 있다.

그는 또 상대의 잘못된 행동이 아니라 성격에서 단점을 찾아 비난하는 경우 이혼 확률이 높다고 했다. 감정과 언어를 통해 표현되는 경멸감은 부부의 관계를 악화시킨다. 부부간에 잘못된 대화 유형을 살펴보면 다음의 세 가지로 분류해 볼 수 있다.

첫째, 공격 vs 공격형이다.

가트맨의 연구 결과에 따르면 이런 유형의 부부는 4-5년 후에 이혼할 확률이 80퍼센트가 넘는다고 한다. 두 사람 모두 나쁜 사람이 아니지만, 서로를 향해 비난하는 경우 남편과 아내를 부정적 대화방식의 희생자로 만든다.

둘째, 공격 vs 회피형이다.

공격은 반응을 얻고자 하는 수단이다. 여자는 관계 지향적이기 때문에 남자보다 애착 욕구가 강하다. 그러나 배우자에게서 정서적 반응을 얻기 위해 공격하면 배우자는 그럴수록 회피하고 거리를 두려고 한다.

배우자를 배우자

정서적 결합에 대한 욕구가 강한 사람은 욕구가 충족되지 않을 때 그 상대를 향해 비난으로 공격하게 된다. 하지만 공격으로는 상대의 공감을 얻지 못할뿐더러 오히려 거리가 더 멀어지게 한다. 악순환이 되풀이되는 것이다.

셋째, 회피 vs 회피형이다.

공격과 비난을 하던 배우자가 관심받기를 포기하면 회피하기 시작한다. 상실감과 절망감으로 인해 냉담과 무관심이라는 극단적인 태도를 취하는 것이다. 이러한 형태가 지속되면 외부의 도움을 받지 않고서는 회복하기 어려운 시점이 온다. 회피의 진짜 이유는 절망감 때문이다.

부부 문제는 대체로 대화가 시작되면 해결된다. 오늘부터 잘못된 대화 방식에서 벗어나기 위한 노력을 하자. 칭찬하고 격려하고 존중하는 말을 하는 습관을 들이자. 그러면 관계가 회복될 것이다.

용서는
과거의 짐을 내려놓고
미래를 마주 보는 것이다.
메어릴린 빈센트

배우자를 배우자

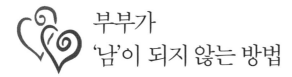

부부가
'남'이 되지 않는 방법

요즘 부부는 종류도 다양하다. 부부 모두 만족하는 '행복한 부부'가 있는가 하면, '별거 부부'도 있고 '각방 부부'도 있으며 무늬만 부부인 '쇼윈도 부부'도 있고, 심지어 '이혼조정기간 중에 있는 부부'도 있다. 한편 '이혼을 후회하는 부부'도 있다. 결혼식장에 들어서는 커플들은 어느 누구도 그들의 앞날에 험난한 가시밭길이 놓여 있다고 예측하지 않는다. 오로지 두 사람이 손을 맞잡고 꽃밭 길을 걸을 것으로 기대한다. 마냥 행복감에 젖은 그들에게 "슬플 때나 기쁠 때"라고 노파심에 당부하는 주례자의 말이 귀에 들어오지 않는다.

그러나 인생을 살다 보면 예상치 못한 여러 가지 복병을 만나게 된다. 결혼 생활에도 복병이 불쑥불쑥 튀어나오는데 그제야 화들짝 단꿈에서 깨어나 '부부 불화는 혼수'라는 말을 실감하기 시작한다. 아무리 건강한 부부라도 문제가 없지 않다. 단지 문제가 있더라도 그들은 성숙하게 대처해서 현명하게 문제를 뛰어넘는다. 이 성숙한 대처가 부부 사이에는 반드시 필요하다. 그렇지 않으면 부부는 '님'이 아니라 '남'이 되고 마는 것이다.

부부가 '남'이 되지 않는 유일한 방법은 평소에 정서적 친밀감을 두텁게 쌓는 것이다. 상담을 하다 보면 결과가 좋지 않은 경우가 있다. 외도가 심하거나, 폭력이 있거나, 중독이 있어서 깨진 부부는 관계가 회복되기 어렵다. 그럼에도 부부가 회복하고자 하는 의지만 있으면 희망이 있다. 문제는 그 의지조차 없는 경우다. 그러면 '님'은 '남'이 되고 만다. 어떤 부부도 성격 차이가 없을 수 없다. 성격 차이가 있는 것은 당연하다. 다시 말해 어떤 부부든 갈등이 있게 마련이다.

문제는 그 갈등을 아닌 척, 괜찮은 척, 없는 척하는 것이다. 그러나 갈등과 불화가 있다면 솔직하게 인정하고 허심탄회하게 이야기해서 해결해야 한다. 대화로도 안 된다면 부부상담을 받아

　　　　　　　　　　　　　　배우자를 배우자

서라도 해결해야 한다. 그러면 소망이 있다. 아이들은 싸우면서 자라고, 부부는 싸우면서 성숙해진다고 한다. 아이들끼리 싸우는 것이 자연스러운 것처럼 부부싸움도 자연스러운 일이다.

부부싸움은 죽기 아니면 살기로 하는 격전도 아니고, 승부를 결정할 수 있는 싸움도 아니다. 부부싸움은 행복으로 가기 위한 정서적 충돌이고, 서로의 다름을 인정하고 이해하기 위한 디딤돌이다. 그러므로 부부싸움에는 '룰'이 있어야 한다. 이 룰만 잘 지키면 부부싸움은 혈투가 아니라 성숙한 관계로 가는 여정이 된다.

첫째, 일어난 일만 가지고 싸워야 한다.

많은 아내가 10년, 20년 지난 일들을 들춰내서 남편을 공격하는 무기로 사용한다. 그러나 그렇게 해서 아내가 승리했더라도 이는 '상처뿐인 영광'에 불과하다. 남편은 아내와 더 이상 대화하고 싶지 않을 것이기 때문이다. 한편, 남편은 아직 일어나지 않은 미래를 넘겨짚어서 아내를 공격한다. 이 또한 아내에게 모멸감을 안겨 줄 뿐이어서 감정의 골만 깊어지게 만든다.

둘째, 이기고 싶은 마음에 억지 부리지 말아야 한다.

부부싸움은 이겨도 그만, 져도 그만이다. 이겨도 득 되는 것이 없고, 져도 손해 보는 것이 아니다. 오히려 이긴 쪽이 미안하고 죄책감이 들게 된다. 부부싸움은 이기려는 싸움이 아니라 성숙의 과정이라는 사실을 기억하자.

셋째, 하루를 넘기지 말고 사과해야 한다.

사과는 잘못한 쪽이 먼저 하는 것이 원칙이지만, 부부간에는 아량을 베풀 수 있는 사람이 먼저 하면 된다. 화해하지 않은 채 지나가면 앙금이 남고 그것이 굳어지면 쓴 뿌리가 되어 삶을 괴롭히게 된다. 부부싸움은 '칼로 물 베기'가 되어야 한다. 상처도 흔적도 없어야 하는 것이다.

마지막으로, 부부간에 절대 언어폭력이나 물리적 폭력이 일어나면 안 된다.

이혼하는 부부들을 보면 서로를 향한 언어폭력이 심했음을 알 수 있다. 그들도 처음엔 사소한 일로 시작했다가 과거의 일을 들춰내 능욕하고 미래의 일로 모욕감을 줘서 깊은 상처를 남기게 된 것이다.

부부는 형제와도 다르고 친척이나 친구와도 다르게 같이 한 이불을 덮고 살며 남은 인생을 설계하는 운명 공동체다. 싸우든 갈등하든 혹은 어떤 위기 상황과 맞닥뜨리는 부부는 분명한 원칙과 룰을 세우고 지켜서 연합하여 선을 이루어 가야 한다.

결혼 전에는 눈을 크게 뜨고
결혼 후에는 반쯤 감아라.
벤자민 프랭클린(Benjamin Franklin)

부부생활
리모델링

흔히 은퇴 이후에 부부갈등이 커진다고 말한다. '공포의 거실 남'이나 세 끼니 식사는 물론이고 종일 간식까지 챙겨 줘야 하는 '종간나'등의 희화화된 농담을 포함하여 '은퇴 남편 증후군'도 생겼다. 세상에 문제없는 부부는 없다. 겉으로 보기엔 좋아 보여도 각자 나름대로 속사정이 있게 마련이다. 그렇다 보니 결혼 20-30년 차 중년 부부가 돌연 이혼하는 일들이 요즘엔 이상하지 않다. 황혼 이혼도 과거에 비해 늘어나고 있다.

상담을 요청한 한 주부는 1년 후쯤 남편과 이혼할 생각이라고 했다. 고등학교 3학년이 되는 자녀가 입시만 치르면 이혼하겠다는 것이었다. 무엇이 문제냐고 물었더니 애정 결핍과 남편의 외도로 배신감이 너무 크다고 했다. 지금까지는 아이가 사춘기라 혹여 잘못될까 봐 참았지만 이제 대학생이 되면 참지 않겠다는 것이다. 그런데 정작 그 남편은 아내의 이러한 마음을 제대로 인식조차 못하고 있었다. 그것이 더 큰 문제였다.

결혼 생활의 만족도는 신혼 때 가장 높다가 시간이 지날수록 떨어져 결혼 10-15년 차가 되면 불만족이 최고조에 이른다고 한다. 물론 개인차가 있겠지만 많은 부부가 공감하지 않을까 생각한다. 낡은 건물을 더 튼튼하고 아름답게 하기 위해 리모델링하듯이 부부 사이의 관계에도 리모델링이 필요한 시점이다.

그 순서는 이렇다. 먼저, 지금까지 결혼과 결혼 생활에 대해 잘못 알고 있는 인식을 버려야 한다. 마치 새로운 가구를 들여오기 전에 먼저 잡동사니를 버려야 하는 것처럼, 부부간에 자리 잡은 온갖 비난과 경멸, 자기 합리화를 버려야 한다.

마음속에서 부글부글 끓고 있는 생각들이 입만 꾹 다물고 있다고 문제가 해결될 것이라는 생각은 오산이다. 말로 전하는 메시지는 7퍼센트 뿐이고 나머지 93퍼센트가 목소리, 눈빛, 표정,

태도 등으로 전달되기 때문이다. 그렇기 때문에 갈등을 해결하기 위해서는 말을 참고 꽁하기보다 대화해야 한다. 하지만 사정이 녹록치 않을 때는 싸워서라도 문제를 해결하는 것이 차선책일 수 있다. 그래서 부부싸움도 잘해야 한다.

맞벌이하는 부부를 상담했다. 아내는 "여자가 할 일, 남자가 할 일이 따로 있나요?"라고 물었다. 아내는 매우 지쳐 보였다. 아내는 직장을 마치고 집에 돌아오면 바로 가사와 육아를 책임져야 했다. 두 가지 모두를 잘해야 한다는 부담감이 매우 컸다. 그런데 아내가 지쳐 있는 진짜 이유는 남편이 가사와 육아에 전혀 도움을 주지 않았기 때문이다. 더구나 남편은 가정에서 남녀의 역할을 엄격하게 구분하면서 매우 이기적으로 행동하고 있었다.

하지만 남편은 아내와 생각이 달랐다. 집안일은 당연히 아내의 몫인데 아내가 왜 그런 걸로 속상해하는지 모르겠다는 것이다. 자신은 남편으로서 바깥일을 열심히 해서 가정을 책임지면 되는 것 아니냐면서, 도대체 집안일을 얼마나 도와줘야 만족할 거냐고 분통을 터뜨렸다.

　　　　　　　　　　　　　배우자를 배우자

아내는 가사와 육아를 남편과 분담하면 나머지 시간을 부부가 함께 보낼 수 있지 않겠느냐고 호소했다. 그런데 남녀의 역할을 철저히 구별하는 남편은 취미 생활도 하고 친구들도 만나러 다니면서 나머지 시간을 혼자 즐기고 있었다. 아내는 그런 남편이 야속하기만 했다.

'남녀가 하는 일이 다르다'는 고정관념 즉, 고장 난 생각을 계속 고집하면 불화할 수밖에 없다. 아내를 속상하게 하면서까지 지켜야 할 고정관념이란 무엇인가? 남편의 이 고장난 생각은 이기적인 태도를 고수하기 위한 방편일 뿐이다. 이런 남편은 아내에 대한 배려도 없고 사랑도 없는 미성숙한 사람이다. '난 여자니까' 혹은 '남자니까'라는 역할 구분이 어려서부터 고착되었더라도, 성숙한 사람은 상대에 대한 배려와 사랑 때문에 이 고정관념을 고수하지 않는다.

결혼이란 언제나 신혼 때처럼 달콤하지만은 않다. 신혼 때의 열정과 달콤함이 흐릿해지면 그 자리에 서로에 대한 친밀감과 약속, 책임감이 짙어지는 것이 결혼 생활이다. 결혼 생활은 부부가 함께 인격적으로 성숙해지는 과정이다. 인격적으로 성숙해지는 부부는 상대의 필요를 알아보는 사랑의 눈과 배려가 깊어진다. 이런 배려와 사랑의 섬김이 있을 때 부부는 서로에게 가장 큰 힘이 되는 특별한 존재가 될 수 있다.

결혼이란
언제나 신혼 때처럼 달콤하지만은 않다.
신혼 때의 열정과 달콤함이 흐릿해지면
그 자리에 서로에 대한 친밀감과 약속,
책임감이 짙어지는 것이 결혼 생활이다.

배우자를 배우자

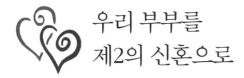

우리 부부를 제2의 신혼으로

남부럽지 않게 성공한 부부가 있었다. 이들 부부는 겉보기엔 모든 것이 완벽해 보였다. 하지만 속사정을 들어보니 남편은 성공만을 향해 달려가고 있었고, 아내는 언제나 부재중인 남편을 대신해 자녀들에게 애정을 쏟았다. 그러다 세월이 흘러 자녀가 장성해서 떠나게 되자 아내는 매우 극심한 정서적 혼돈을 겪게 되었다.

아무리 세상에서 성공해도 배우자와 행복할 수 없다면 그 성공은 절반의 성공일 뿐이다. 아내들은 남편이 다정하게 "사랑해"라고 말해 주길 바란다. 하지만 남편들은 말하지 않아도 아내를 사랑하는 내 마음을 누구보다 아내가 더 잘 알 것이라 생각하고 말하지 않는다. 부부가 갈등을 겪는 것은 성격 차이보다는 남녀 차이에서 오는 경우가 많다. 그래서 부부는 각자 상대 배우자를 이해하기 위해 배워야 한다.

50대 이상 여자들을 대상으로 가장 인기 있는 남편을 물었는데, '요리 잘 하는 남편'도, '싹싹한 남편'도, '집안 일 잘 도와주는 남편'도, '가정적인 남편'도, '잘 생긴 남편'도, 아니고 '집에 없는 남편'이 가장 인기 있는 남편으로 뽑혔다. 한마디로 집에 있어도 대화도 안되고 그렇다고 도움도 안되는 것보다 차라리 자신의 일을 하는 남편이 낫다는 것이다. 그래서 지금은 안계시지만 원로 방송인 송해 선생님은 '최고의 남편감'으로 꼽혔다. 그 이유가 뭘까? 첫째, 집에서 밥 안 먹으니까. 둘째, 90세가 넘어서도 돈을 잘 버니까. 셋째, 일주일에 3일은 전국노래자랑 녹화를 위해 지방으로 출장가니까. 넷째, 전국 각지의 특산물을 아내에게 바치니까.

호르몬에 의한 사랑의 유효기간이 지나면 남편은 말끔하게 보이려는 것을 포기하고 아내는 더 이상 아름답게 보이려고 애쓰지 않는다. 많은 부부가 연애 기간이 끝나면 배우자가 너무 편

배우자를 배우자

해서 양말이나 바지, 옷가지들을 집 안에 아무렇게나 벗어 놓고 심지어 화장실 문도 잘 닫지 않는다. 여성의 3분의 2는 남편에게 예쁘게 보이기 위해 특별한 노력을 하지 않고 여성의 54퍼센트는 화장하는 것조차 귀찮아한다.

결혼 전에 남자는 여자를 보며 생각한다. '결혼하고 10년 뒤에도 지금 이 모습 그대로일 거야.' 여자는 남자를 보며 생각한다. '결혼하고 10년 뒤에도 지금처럼 내 편이 되어줄 거야'라고 바란다.

지금 당신은 배우자의 바램처럼 살고 있는가? 최근 강의 중에 "아내를 누구로부터 지켜 줘야 하는가?"를 물었더니 어떤 사람이 "남편은 아내를 시어머니로부터 보호해야 합니다"라고 말해 참석자들의 폭발적인 공감을 얻었다. 아내는 남편이 평생 자신의 편이 되어 주기를 바란다. 남편은 아내가 자신에게 예쁘게 보이기 위해 노력해 주기를 바란다.

친밀감이 많은 사람은 대체로 따뜻하고 안정적이며 사교적이고 타인을 자유롭게 해 준다. 반면에 친밀감을 경험하지 못한 사람은 대체로 고독하고 자기중심적이며 대인관계가 형식적이고 고정관념이 많으며 따뜻함과 자발성이 없다. 보통 남편들은 아이를 낳고 기르며 살림하는 것을 아내의 몫이라고 생각한다. 그래서 남편이 집안일을 하는 것은 아내에게 호의를 베푸는 것이라고 생각한다.

이때 아내가 어처구니없는 남편의 생각을 당장에 뜯어고치겠다고 덤비면 그때부터 전쟁이 시작된다. 두 사람 다 백전백패의 싸움을 하게 되는 것이다. 이때는 차라리 기저귀 한 번 갈고 생색내는 남편이 얄밉지만, 기꺼이 잘한다고 격려하고 "고맙다", "사랑한다"라고 말해 주는 것이 필요하다. 긍정으로 부정적인 남편의 고정관념을 허무는 것이다.

따라서 부부에게 가장 필요한 말은 '미, 고, 사, 축' 즉 '미안해요', '고마워요', '사랑해요', '축복해요'를 표현해야 한다. 이 말만 잘 해도 결혼 생활은 순풍을 단 배처럼 평화로운 항해를 하게 될 것이다. 서로 무엇을 바라는지 알았으니 이제 배우자를 위해 노력하자. 그래서 인생의 멋진 후반전에는 제2의 신혼을 즐기는 행복한 부부가 되기를 바란다.

배우자를 배우자

부부의 날 십계명

1. 두 사람이 동시에 화내지 말라.

2. 집에 불이 났을 때 이외에는 고함을 지르지 말라.

3. 눈이 있어도 흠을 보지 말며
입이 있어도 실수를 말하지 말라.

4. 아내나 남편을 다른 사람과 비교하지 말라.

5. 아픈 곳을 긁지 말라.

6. 분을 품고 침상에 들지 말라.

7. 처음 사랑을 잊지 말라.

8. 결코 단념하지 말라.

9. 숨기지 말라.

10. 서로의 잘못을 감싸주고
사랑으로 부족함을 채워주도록 노력하라.

Part 6

행복한 부부
실전
솔루션

어려워도 너무 어려운 부부 대화
이제 쉬워졌어요

남편들은 아내가 언제인지도 알 수 없는 일에 대해 쏟아 내는 것을 들을 때면 '도대체 이 이야기를 지금 왜 하는 거지?' 하면서 슬슬 짜증이 나기 시작한다. 그러면 더 이상 이야기를 이어 가고 싶지 않다. 당장 그 자리를 벗어나고 싶을 뿐이다. 상담을 받던 한 아내가 "우리 남편은 감치"라고 표현했다. '감정을 잘 표현하지 못하는 사람'이란 뜻에서다.

대부분의 남자는 '감치'다. 감정표현 지수가 높은 여자들은 누군가 "아프다"고 하면 "괜찮아?", "어디가 아픈데?", "많이 아파?"라고 동감하는 말로 반응한다. 그러나 감정표현 지수가 매우 낮은 남편들은 아내가 "나 아파" 하면 "약국에 가서 약 사먹

배우자를 배우자

어"라고 한다. 남자들은 타고나기를 표현력이 서툴러서 그렇게 밖에 반응할 수 없는 것을 가지고 아내들이 서운해하고 속상해 하는 것이 더 억울하다고 말한다. 한편으로는 맞는 말이다. 남자 들은 아내가 "이럴 땐 이렇게 해줘"라고 직접적으로 말해 주기를 바란다.

아내들은 대체로 대화와 관련된 좋은 기억이 있다. 친구들과 수다를 떨면서 스트레스가 풀리고 친밀감을 느낀 경험이다. 하 지만 남자들은 그런 경험이 없다. 오히려 대화는 불편하고 피하 고 싶은 경험이다. 이렇듯 타고나기를 여자와 너무 다른 남자들 을 아내들이 이해해 줄 필요가 있다. 남편과 대화하고 싶다면 산 책을 한다든가, 맛있는 음식을 먹는다든가, 남편이 좋아하는 것 을 함께하면서 자연스럽게 시도해보자. 그러면 그 어느 때보다 남편이 수다스러워질 것이다.

감치 남편에게 아내들은 말한다. "당신은 참 치사한 남자야. 연애할 때는 그렇게 사탕발림으로 나를 휘어잡더니 결혼하자마 자 왜 입에 자물쇠를 잠갔어? 탐내던 물고기 잡았으니 어항에다 집어넣고 구경만 하겠다는 거야? 당신은 자기만 아는 이기주의

자였어? 제발 나 혼자 두고 침묵의 방으로 들어가지 마! 나는 지금 외롭단 말이야!" 여자인 아내는 화가 나거나 감정이 상하면, 와락 울어 버리거나 쉴 새 없이 말을 쏟아 내면서 울분을 터뜨린다. 사실 여자에게 있어 이렇게 감정을 표현하는 것은 의사소통의 한 방법이다.

그런데 남자는 그처럼 슬퍼하는 여자에게 어떤 해결책을 마련해줘야 한다는 강박관념에 사로잡혀 여러 가지 조언을 한다. 이것은 여자의 울음이 계속될까 봐 겁이 나서 취하는 행동이다. 그러나 여자는 남편의 어떤 말로도 위로받지 못한다. 이때 여자에게 필요한 것은 수다이다. 맺힌 마음을 쏟아 놓을 대상이 필요한 것이다. 이것은 여자들만의 스트레스 해소법이다. 친구를 만나 몇 시간 동안 구체적인 사항을 낱낱이 이야기하는 것, 이는 어떤 해결책을 찾으려는 것이 아니라 그저 그 과정 자체가 위로요 격려인 것이다.

그러므로 아내가 화가 나거나 감정이 상했을 때 남편의 역할은 무조건 들어 주는 것이다. 시시비비를 가리고 정답을 찾는 수고는 아내를 더 화나게 할 뿐이다. 그저 아내의 말을 잘 들어 주

배우자를 배우자

고, 고개를 끄덕이거나 몇 마디 말로 호응해 주기만 하면 된다. 아내는 해결방법을 몰라서 우는 것이 아니라 응어리진 마음을 풀지 못해서 우는 것이다. 아내가 속 시원히 자기 마음을 표현하도록 들어 주면 남편은 감치 남편에서 탈출할 수 있다.

여자는 남편과 정서적으로 깊이 친밀하다고 느낄 때 행복하다. 남편의 "사랑한다"는 말 한마디에 그 친밀감을 충분히 확인받는다. 반면에 남자는 아내로부터 인정을 받았을 때 행복하다. 부부는 칭찬과 인정, 배려와 사랑의 정서적인 친밀감을 통해서 행복감을 느낀다. 그러므로 남편들이여, 아내가 말하지 않아도 알 것이라고 지레짐작하지 말라. 아내에게 "사랑한다"고 말로 표현해 줘라.

부부간의 대화 유형을 보면 일상형, 갈등형, 우정형, 지지형으로 구분할 수 있다. 일상형 대화는 생활에서 일어난 자질구레한 사건을 처리하기 위해 하는 대화다. 아이는 누가 데려올지, 언제 퇴근할지와 같은 대화가 그것이다. 갈등형 대화는 부부 사이에서 피할 수 없는 갈등이나 이견 따위를 조정하고 해결할 때 하는 대화다. 과거를 들먹이거나 상대방의 약점을 꼬집지 말고 지금 닥친 일의 주제에만 집중해야 한다. 우정형은 부부 사이에 친밀감과 유대감을 조성해 주는 대화다.

지지형 대화는 배우자에게 '일생의 동반자가 되겠다'는 메시지를 가장 효과적으로 전달하는 수단이다. 여기에는 배우자의 심기가 불편할 때 그의 말을 경청하는 것도 포함된다. 흔히 남편보다 아내의 결혼 만족도가 낮은 것은 남편이 사소한 일에 배려하지 못하기 때문이다. 결혼 만족도에서 부부간의 불균형이 심화되면, 아내는 우울감에 시달리고 남편 역시 아내의 불만이 언제 폭발할지 몰라 불안한 마음을 가지게 된다.

아내들의 꿈은 '영화처럼 살고 싶은 것이 아니다. 꽃다발과 선물이 가득한 특별한 이벤트보다 소소한 일상에서 남편에게 존중받고 사랑받으며 살고 싶은 것'이다. 조금만 관심을 가지면 아내의 진짜 마음이 보일 것이다. 조금만 배려하면 아내의 기분 좋은 얼굴을 늘 볼 수 있을 것이다.

여자들이여, 남편이 못마땅하더라도 "고맙다", "존경한다", "수고했다"라고 말해 주라. 남편은 당신의 인정을 받을 때 세상

배우자를 배우자

을 다 얻은 듯한 행복감을 느낄 것이다.

결혼은 우리가 함께
더 큰 세계를 만드는 시작이다.
알렉산더 스미스(Alexander Smith)

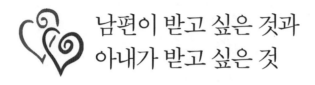

남편이 받고 싶은 것과
아내가 받고 싶은 것

얼마 전 심각한 표정의 부부가 상담을 요청해 왔다. 아내는 "남편이 내 말을 전혀 들어 주지 않아 외롭다"라고 했고, 남편은 "아내가 융통성이 없고 답답하다, 나도 엄마 같은 사람에게 보호 받고 싶은데 아내는 자꾸 자신을 보호해 달라고 한다"라고 털어 놨다.

남편은 불우한 환경에서 자라나 사랑을 받지 못한 탓에 아내를 어떻게 사랑하고 아껴 주는지를 몰랐다. 그 때문에 부부는 불화했고 이제 이혼 위기에까지 이르게 된 것이다. 남편은 이런 상황까지 온 것에 대해 자책했고, 아내는 결혼 생활 내내 시어머니 편에 서서 자신을 질타하면서 생일이든 기념일이든 단 한 번도

배우자를 배우자

챙겨 주지 않고 외롭게 만든 남편이 너무 밉다고 했다.

일반적으로 남편은 아내로부터 인정과 격려를 받고 싶어 하고, 아내는 남편으로부터 사랑과 보살핌을 받고 싶어 한다. 남편은 자신의 역할과 능력에 대해 인정 받고 싶어 하고, 아내는 보살핌과 사랑을 느끼고 싶어 한다. 그러나 이러한 욕구가 충족되지 않으면 부부간의 갈등과 불만이 발생할 수 있다. 그래서 부부는 서로의 욕구를 이해하고 존중하며, 상대에게 먼저 인정과 관심을 표현해 주는 노력이 필요하다. 이렇게 하면 부부의 사랑과 행복이 증가할 수 있다.

남편이 받고 싶은 것은 아내의 인정이고, 아내가 받고 싶은 것은 남편의 사랑이다. 이들은 부부가 서로의 욕구를 충족시켜주지 못하면 공격적이고 비난적인 태도로 변하거나, 무관심하고 냉담하게 대하게 된다.

대부분 남편들은 아내에게 사랑의 표현을 잘 못하는 경우가 많은데 남편들은 보통 말보다 행동으로 사랑을 표현하는 경향이 있다. 가정을 위해 열심히 일하고, 가족을 위해 책임감을 가지고 부부의 문제를 해결하려고 노력한다. 그러나 아내들은 이런 행동이 사랑의 표현이라고 인식하지 못하고, 오히려 말로 듣고 싶어 한다. "여보, 사랑해"라고 말하거나, 포옹하거나, 입을 맞추거나, 선물하거나, 칭찬하거나, 데이트하거나, 로맨틱한 분위기를 만들어주기를 바란다.

남편들은 결혼을 하고 오랜 시간이 지나면, 아내에게 사랑을 표현하는 것이 필요 없다고 생각하거나, 당연한 것이라고 여기기도 한다. 그래서 아내에게 사랑을 표현하는 것을 게을리하거나, 부담스럽게 느끼기도 한다. 그러나 아내들은 결혼을 하고 오랜 시간이 지나도, 남편에게 사랑의 표현을 받는 것이 중요하고 필요하다고 생각한다.

아내들이 남편에게 사랑의 표현을 원하는 이유 중 하나는 '안정감과 친밀감을 얻기 위해서'다. 아내들은 남편이 자신을 사랑하고 있다는 것을 확신하고 싶어한다. 남편이 자주 사랑한다고 말하거나, 애정을 표현하는 행동을 하면 아내들은 남편과의 관계에 더욱 행복하고 만족하게 된다. 반대로 남편이 사랑의 표현을 하지 않으면 아내들은 남편이 자신에게 무관심하거나, 다른 여자

배우자를 배우자

를 좋아하거나, 이혼을 원하거나 하는 등의 부정적인 생각을 하게 된다. 이는 아내들의 자신감을 떨어뜨리고 부부간의 갈등을 만들 수 있다.

아내들이 남편에게 사랑의 표현을 원하는 이유 중 또 하나는 감정적인 교감과 소통을 하기 위해서다. 아내들은 남편과의 대화가 중요하다고 생각한다. 아내들은 남편이 자신의 감정과 생각을 경청하고, 공감하고, 인정해 주기를 바란다. 남편이 자주 사랑한다고 말하거나, 포옹하거나, 선물하거나, 칭찬하거나, 데이트하거나, 로맨틱한 분위기를 만들어주면, 아내들은 남편이 자신과 같은 감정을 공유하고 있다고 느낀다.

반대로 남편이 사랑의 표현을 하지 않으면, 아내들은 남편이 자신과 감정적으로 거리가 멀고, 이해하지 못하고, 관심이 없다고 생각하게 된다. 이는 아내들의 외로움과 불만을 증가시키고, 부부간의 소통을 어렵게 할 수 있다. 행복은 대박이 아니라 누적이다. 상대방을 배려하고 존중하지 않는 한 부부생활에 행복은 없다.

부부가 날아오르기 위해서는
두 날개가 필요하다.
남편 그리고 아내.
안애랑

배우자를 배우자

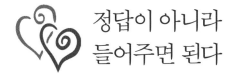

정답이 아니라
들어주면 된다

아내들에게는 친밀감을 느끼고 싶어 하는 여성 특유의 욕구가 있다. 보통 남편들은 일 중심적인 데 반해 아내들은 관계 중심적이다. 그래서 남편보다 아내가 더 배우자와 정서적인 친밀감을 원한다. 하워드 클라인벨(Howard Clinebell)은 그의 저서 『전인건강』에서 다양한 친밀감에 대해서 설명한다. 그중 첫 번째가 의사소통 친밀감이다. 부부는 언어와 비언어적인 의사소통을 통해서 친밀감을 증진시킬 수 있다.

보통 남편은 아내와의 대화 중 자꾸 답을 주거나 가르치려 하는 경우가 많은데, 남편은 아내의 문제나 고민을 해결해주고 싶은 도움의 욕구가 있기 때문이다. 남편은 아내가 어려움이나 스트레스를 겪고 있을 때, 그것을 빨리 해결하고 편안하게 해주고 싶은 마음이 있는 것이다. 그래서 아내의 이야기를 듣다가, 자신이 알고 있는 답이나 해결책을 제시하거나, 자신의 경험이나 지식을 바탕으로 가르치려고 한다. 남편은 이런 행동이 아내에게 도움이 될 것이라고 생각한다.

또한 대다수의 남편은 아내가 말하는 내용이 복잡하거나, 모호하다고 느낀다. 그래서 아내의 이야기를 끝까지 잘 듣지 않고 자신의 생각을 말하거나, 아내의 말을 자신의 방식으로 해석하려고 한다. 그래서 아내의 이야기에 귀를 기울이지 않고, 자신의 말이나 행동을 강요하거나, 대화를 피하거나, 단호하게 끝내려고 한다. 남편의 이런 행동은 대화를 간결하게 하고, 시간을 절약할 것이라고 생각한다.

이런 경우, 아내는 남편이 자신의 감정을 이해하지 못하고, 해결책만 제시하려는 것에 불만과 실망을 느낄 수 있다. 아내는 남편에게 공감과 위로를 받고 싶은데, 남편은 문제를 해결하려고만 하기 때문이다. 아내는 자신의 말을 남편이 잘 들어 주면 되는데, 남편은 아내의 문제를 해결해 주고 싶어서 해결책을 제시한

배우자를 배우자

다. 그러나 아내는 해결책을 원하는 것이 아니다. 공감과 이해를 원하는 것이다. 이는 남녀의 의사소통 방식에 차이가 있기 때문이다. 남자는 보통 사실과 정보를 중시하고, 여자는 감정과 관계를 중시한다.

따라서 남편과 아내는 서로의 의사소통 방식을 이해하고 존중해야 한다. 남편은 아내의 말을 끊지 않고 경청하거나 공감해주면 좋다. 아내는 남편이 자신을 사랑하고 도와주려는 마음이라는 것을 알아주면 좋다. 이렇게 하면 부부간의 대화가 더 원활하고 행복하게 될 것이다.

남편의 경청 태도는 아내의 말에 얼마나 집중하고 공감하고 이해하느냐에 따라 다를 수 있다. 일반적으로 경청에는 네 가지 단계가 있다. 가장 낮은 단계는 '배우자 경청'이라고 하는데, 이는 아내가 말할 때 신문이나 TV를 보면서 건성으로 듣거나, 심지어는 "좀 조용히 해봐" 하며 말을 가로막는 것을 말한다. 이런 태도는 아내에게 무관심하고 무례하다는 인상을 줄 수 있다.

그 다음 단계는 '소극적 경청'이라고 하는데, 이는 말을 가로

막지는 않지만, 관심을 기울이지 않고 듣는 것을 말한다. 이런 태도는 아내에게 흥미가 없다는 인상을 줄 수 있다.

그 다음 단계는 '적극적 경청'이라고 하는데, 이는 상대의 말에 주의를 기울이고, 공감을 표현하면서 듣는 것을 말한다. 이런 태도는 아내에게 관심과 존중이 있다는 인상을 줄 수 있다.

가장 높은 단계는 '맥락적 경청'이라고 하는데, 이는 말 자체뿐 아니라 말하는 사람이 그 말을 어떤 맥락에서 꺼냈는지, 왜 그 말을 하게 됐는지, 그 말의 배경과 심정까지 헤아리면서 듣는 것을 말한다. 이런 태도는 아내에게 깊은 이해와 사랑이 있다는 인상을 줄 수 있다.

따라서 남편이 아내의 말을 잘 들어주려면, 적극적 경청이나 맥락적 경청을 하는 것이 좋다. 이렇게 하면 아내는 남편과의 대화를 더 만족스럽고 행복하게 느낄 수 있다.

배우자를 배우자

결혼 생활의 중심은 의사소통에 있다.
어떤 부부의 성공과 행복은
그들의 결합을 특징지어 주는
깊은 대화에 의해 측정된다.

드와이트 허비 스몰(Dwight Herby Small)

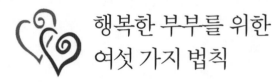

행복한 부부를 위한 여섯 가지 법칙

부부가 행복해지기 위한 여섯 가지 법칙이 있다.

첫째, 산울림의 법칙이다.

우리가 등산을 하면서 정상에 오르면 대부분의 사람들은 "야호!"라고 외친다. 그러면 잠시 후에 나의 소리는 다시 나에게 들려온다. 바로 이것이 산울림이다. 부부에게도 이러한 산울림처럼 내가 배우자에게 말하면 배우자도 이것을 듣고 반응해 주는 소통과 공감의 시간을 갖는 것이 중요하다. 그래서 "가는 말이 고와야 오는 말이 곱다"는 말이 있고, "대접을 받고자 하는 데로 대접하라"는 성경의 말씀이 있듯이 내가 한 말이 대화를 하는 배우자

배우자를 배우자

의 마음에 상처를 주거나 아픔을 준다면 돌아오는 말도 당연히 나를 아프게 하는 말을 들을 수밖에 없다.

둘째, 실과 바늘의 법칙이다.

우리는 흔히 "실 가는데 바늘이 간다"는 말을 들어보았을 것이다. 부부란 실과 바늘의 관계라고 말할 수 있다. 바늘이 너무 빨리 가면 실이 끊어지고 바늘이 너무 느리면 실은 엉키고 만다. 그렇다고 바늘 대신 실을 잡아당기면 실과 바늘은 따로 놀게 된다. 부부는 서로를 배려하고 인생이란 여행을 함께하는 동반자다. 언제나 어떠한 순간에도 기쁨과 아픔을 함께 나눌 수 있는 친밀한 관계가 바로 배우자이며 실과 바늘의 역할을 하는 것이다.

셋째, 수영의 법칙이다.

수영은 '물 먹으며 배우는 것'이라는 말이 있다. 또한 사이버 대학에는 없는 학과가 있는 데 바로 '수영학과'다. 수영을 배워 물속에 뛰어드는 사람은 없다. 물 속에 뛰어들어 물 먹어가며 수영을 배운다. 마찬가지로 사랑의 이치를 다 배워 결혼하는 것이 아니라 결혼을 통해 사랑의 이치를 깨우쳐 가는 것이다. 그러므로 피차 미숙함을 전제하고 살아갈 때 서로 인내할 수 있게 된다. 물먹는 것이 두려워 수영을 포기하지 않고 열심히 배우다 보면 결국 능숙하게 수영을 할 수 있는 날이 오는 것처럼, 행복한 부부에게도 이러한 시간이 필요하다.

넷째, 타이어의 법칙이다.

오래 전 호주에서 강의를 마치고 사막투어 여행을 할 수 있는 기회가 있었다. 사륜구동 차를 타고 처음으로 사막을 달리는 경험을 했다. 평지 만을 달리는 경험을 하다가 사막의 모래 위를 달리는 경험은 새로운 모험과도 같았다. 그런데 한참을 달려 사막의 한가운데에서 차가 멈추고 다시 출발하는 과정에서 그만 바퀴가 헛돌아 도저히 빠져나올 수 없는 상황이 되었다. 한참을 모래와 씨름을 하는데, 다행히 그곳을 지나가는 다른 투어버스의 도움을 받게 되었다. 그 도움을 주신 분은 우리 차에 다가와서 타이어의 바람을 빼주었고 움직여 보라고 했는데, 모래에서 빠져나오려고 하면 할수록 더욱 빠져 들어가던 차가 타이어의 바람을 빼니 쉽게 그곳을 빠져 나올 수 있었다. 그렇다. 사막의 모래에서 차가 빠져나오는 방법은 타이어의 바람을 빼는 것이 정답이다. 공기를 빼면 타이어가 평평해져서 바퀴 표면이 넓어지기 때문에 모래 구덩이에서 빠져나올 수 있다. 부부가 갈등의 모래사막에 빠져 헤멜 때, 즉시 자존심과 자신의 고집이라는 바람을 빼는 것이 필요하다.

다섯째, 김치의 법칙이다.

김치는 순이 죽어야 맛이 나고 양념이 잘 배어들 수 있다. 필자는 결혼하고 바로 캐나다 이민생활을 했는데, 한국 사람은 김치없이 살 수 없지 않는가? 그래서 처음에는 한국 마트에서 김치를 사다 먹었는데, 그렇게 계속 사다 먹을 수가 없어서 아내와 생애 처음으로 김치를 담구기로 했다. 지금 같으면 유튜브에 얼마든지 레시피와 영상을 보며 쉽게 따라 할 수 있었을텐데, 그때만 해도 국제전화를 통해 어머니께 레시피를 듣고 적어서 김치 담그는 것을 실습할 수밖에 없었다. 몇 번의 실패 끝에 결국 맛있는 김치를 담글 수 있었다. 이러한 과정을 통해 알게 된 것은 배추는 잘 절여져야 맛이 난다는 사실이었다. 순이 죽지 않고 살아 있으면 뻣뻣해서 맛도 없고 먹을 수 없다는 것이다. 행복이란 맛을 내

기 위해 서로의 고집과 자존심을 죽여야 맛이 있는 결혼 생활이
된다.

여섯째, 고객의 법칙이다.

내가 아는 자동차 판매왕이 있는데, 그는 고객에게 최선을 다
해 친절하고 정성을 다해 서비스한 결과 자동차 세일즈왕이 되었
다. 그런데 그는 직장에서만 성공한 사람이 아니라 가정에서도
존경받고 행복한 가장이다. 그 비결은 하루의 모든 업무를 마치
고 집에 도착하면 집 출입문을 열기 전에 자신에게 이렇게 말한
다고 한다. "나는 지금 오늘 마지막 고객을 만나러 들어간다." 고
객에게는 절대 화를 낼 수 없다. 항상 미소로 맞이해야 한다. 상
대방이 무엇을 원하는지 재빨리 파악해야 한다. 그리고 최선을
다해야 한다. 부부란 서로를 고객으로 여기고 살 때 멋진 관계를
유지할 수 있다. 배우자를 '나의 마지막 고객'이라 여겨라.

행복한 부부가 되기 위해서는 배우자의 의견과 감정을 경청
하고, 칭찬하고, 감사하고, 사과하고, 타협하고, 책임지는 태도
를 보여야 한다. 배우자를 진정한 동반자로 생각하고 한 팀으로

　　　　　　　　　　　　　배우자를 배우자

노력해야 한다. 또한 서로의 차이점을 인정하고 감사하는 태도가 필요하다. 배우자의 성격, 취향, 관심사, 취미 등이 자신과 다를 수 있다. 이런 차이점을 강요하거나 비난하지 말고, 배우자를 존중하고, 사랑을 표현하고 관심을 보여주는 것이다. 배우자에게 자주 사랑한다고 말하고, 포옹하고, 선물하고, 러브레터를 쓰고, 칭찬하고, 데이트하고, 로맨틱한 분위기를 만들어야 한다.

성공적인 결혼 생활은
매일 고쳐 지어야 하는 대저택과 같다.
앙드레 모루아(André Maurois)

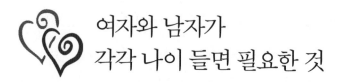

여자와 남자가
각각 나이 들면 필요한 것

여자가 나이를 먹으면 필요한 것과 남자가 나이가 들어갈수록 필요한 것이 다른데, 여자의 경우는 돈, 딸, 친구, 찜질방이 필요하고 반면, 남자들이 필요한 것은 아내, 집사람, 와이프, 애 엄마라고 한다. 이런 유머 속에서 놓치지 말아야 할 것이 있다. 시간이 갈수록 남자들은 배우자인 아내가 더욱 필요하다는 것이다.

살면서 가장 스트레스를 많이 받는 상황은 다양한 요인에 따라 다르지만, 여러 연구와 조사 결과를 종합해 보면 배우자의 사망이 가장 큰 스트레스 요인 중 하나다. 미국의 심리학자인 토머스 홈스 박사와 리처드 라히 박사의 연구에 따르면 배우자 사망으로 인한 스트레스는 100점 만점에 100점으로 이혼(73점)을 하

배우자를 배우자

거나, 구속(63점) 및 해고(47점)를 당했을 때보다 컸다. 배우자의 중요성을 다시 한번 생각해 볼 수 있는 통계다.

부부 사이에도 정서적 애착과 지지가 중요하다. 가능한 한 배우자와 함께 시간을 보내고 무엇이든지 같이할 때 정서적 친밀감이 생긴다. 그런데 한쪽은 배우자와 함께 시간을 보내고자 하는데 다른 한쪽은 혼자 운동을 가거나 혼자 외출해서 친구들과 어울리고 싶을 수 있다. 또는 집에서 TV나 보면서 뒹굴거리고 싶을 수도 있다. 만약 두 사람이 자기 생각만 고집한다면 두 사람 사이에 친밀감은 커녕 상대를 향한 화만 키우게 될 것이다.

이렇게 부정적인 사이클에 들어가게 되면 본의 아니게 두 사람 모두 엉뚱한 피해자가 되기 쉽다. 다가가는 배우자는 사랑을 확인하고 싶은데, 그렇지 못할 때에는 마음에 화가 나고 비난하는 것으로 자신의 감정을 표현하게 된다. 이러한 말과 행동은 서운한 마음을 알아 달라는 사인이지만 받아들이는 배우자 입장에서는 꼬투리를 잡아 싸움을 거는 것으로 여겨져 상대와 함께 있는 시간을 더 회피하게 만든다.

이렇게 되면 두 사람 모두 상대로부터 자신을 보호하기 급급해지고 갈등의 골은 더 깊어진다.

많은 부부가 이런 악순환을 거듭하지만 쉽게 그 소용돌이에서 벗어나지 못한다. 그들도 최악의 상황까지 가고 싶지 않아서 나름대로 노력하지만 그럴수록 좌절감만 맛볼 뿐이다. 왜 그럴까? 그 이유는 자신이 진심으로 원하는 것이 무엇인지 알지 못하기 때문이다. 또 상대가 진심으로 원하는 것이 무엇인지 이해하지 못하기 때문이다. 배우자가 상대를 향해 화내고 비난하고 모욕하는 이면에는 사랑받고 존중받고 관심받고 싶은 간절한 소망이 담겨 있다.

사실 대부분의 부부갈등은 내 진짜 마음을 상대에게 솔직하게 고백하기만 하면 해결된다. 그런데 문제는 자신의 진짜 마음이 무엇인지 모르기 때문에 표현이 서툴러진다. 도리어 상대가 내가 원하는 대로 변하면 문제가 해결될 거라고 생각하면서 끊임없이 잘잘못을 따지고 비난을 퍼붓게 된다. 한편, 비난을 듣는 배우자는 상대가 원하는 진짜 마음을 이해하지 못한 채 비난을 비난으로만 들어서 자기를 보호하고 회피하기에 바쁘다. 자신과

배우자를 배우자

상대의 진짜 마음을 깨닫지 못하는 한, 이 악순환은 되풀이될 뿐이다.

그래서 부부간의 친밀감은 결혼 생활에서 아주 중요하다. 깊은 보살핌, 책임감, 신뢰, 느낌과 감정에 대한 솔직한 대화가 가능하다면 두 사람은 아주 친밀한 관계라 하겠다. 부부가 이혼에 이르는 가장 근본적인 이유는 이 친밀감의 결여에 있다. 어떤 부부는 "한 번도 제정신으로 대화를 해본 적이 없다"고 했다. 이유를 물으니, 언제나 술을 마셔야 대화가 되었기 때문이란다. 술을 마시지 않고 제정신으로는 눈을 마주보기도 쉽지 않다고 했다. 오랜 시간 함께한 부부가 눈을 마주치기도 어색하다니 참으로 놀랍다.

부부간의 친밀감은 한순간에 만들어지는 것이 아니다. 목돈을 가지고 필요한 일을 하려면 평소에 돈을 저축해야 하는 것처럼, 친밀감도 평소에 꾸준히 쌓아야 깊은 관계로 나아갈 수 있다. 오늘부터 부부의 친밀감을 높이기 위해 깊은 보살핌과 책임감, 신뢰, 느낌과 감정에 대한 솔직한 대화로 배우자에게 다가가자. '당신은 내게 특별한 사람'이라는 메시지를 배우자에게 보내자.

당신도 어느 순간 그에게 특별한 사람이 되어 있을 것이다.

성공적인 결혼을 위해서는
항상 같은 사람과
여러 번 사랑에 빠지는 것이 필요하다.
미뇽 맥러플린(Mignon McLaughlin)

배우자를 배우자

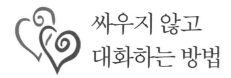

싸우지 않고
대화하는 방법

온 가족이 함께하는 시간에 당신은 주로 무엇을 하고 있는가? TV에 빠져 있는가? 아니면 휴대폰을 붙들고 있는가? 아내는 거실에서 TV를 보고 남편은 침실에서 휴대폰을 보는 풍경, 결코 아름답지 못하다. 한 가정의 행복은 대화에서 시작된다. 그러나 대화를 잘하는 부부는 많지 않다. 우리나라 부부의 세 쌍 중 한 쌍은 하루에 대화를 나누는 시간이 30분도 안 된다고 한다. 그들은 "나는 대화를 잘하는데, 상대방이 대화할 자세가 안 되어 있다"고 말한다. 그런데 상대는 왜 늘 대화할 자세가 안 되어 있는 걸까? 혹시 내가 하는 말이 그의 입을 틀어막고 있지는 않을까?

먼저 내가 하는 말의 패턴부터 살펴보기 바란다. 그리고 배우자와 나누는 대화의 패턴을 생각해 보자. 많은 부부가 대화한다고 하면 주로 집안 대소사나 자녀 양육과 관련된 이야기를 나눈다. 가슴 깊이 공감하는 대화는 거의 없다. 소통이 이뤄지지 않는 것이다. 대화의 시작은 경청이다. 사람을 움직이는 건 입이 아니라 귀다. 논쟁 주제에서 벗어나지 않도록 주의해야 한다. 부부싸움은 이기고 지는 다툼이 아니라 치열한 대화라고 생각하면 싸우는 중에도 배우자의 말에 귀를 기울일 수 있다.

당신이나 배우자가 감정적으로 격해지는 이유는 무엇인가? 어떤 말이 서로를 자극하는가? 상대의 마음을 아프게 하는 당신의 언어는 무엇인가? 부부는 사랑하고 좋아하는 감정보다 상대방을 이해하고 받아들이는 노력이 필요한 사람들이다. 그러므로 지금까지는 감정이 흐르는 대로 배우자를 사랑하고 미워했다면 지금부터는 감정이 아닌 감성으로 배우자를 대하자.

어느 순간 너무 화가 나서 참을 수 없다면 "잠깐 생각 좀 하자"고 말하여 여유를 두고 '왜 싸우게 되었는지'를 생각함으로써 분노를 조절해야 한다. 또한 부부끼리 절대 해서는 안 되는 말이나 행동을 금지시키고 부부싸움 중에도 반드시 지켜야 할 규칙을

배우자를 배우자

지키면 감정이 아닌 감성으로 배우자를 대할 수 있다.

최근 남편의 실직이나 사업의 어려움을 겪는 가정이 많다. 이런 때일수록 아내의 도움이 필요하다. 흔히 여자를 비유할 때 갈대라는 표현을 쓴다. 반대로 남자는 곧고 굳건한 대나무에 비유한다. 그러나 큰 폭풍이 닥쳤을 때 바람에 맞서는 대나무는 무참히 꺾이지만 바람을 타는 갈대는 절대 쓰러지는 법이 없다. 그래서 성경에서 아내를 '돕는 배필'이라고 한 것이다.

요즘처럼 수많은 남편이 위기 앞에서 속수무책일 때도 없는 듯하다. 뒤집어 말하면 아내들이 힘을 발휘할 때인 것이다. 물론 남편의 실직이나 경제적 위기는 아내에게도 엄청난 좌절감을 안긴다. 그럼에도 지금 아내가 할 일은 남편을 이해하고 힘을 주는 일이다. 같이 무너져서 원망하고 불평해선 안 된다. 강한 남자 콤플렉스가 있는 사람일수록 좌절감도 더 심하다. 실패를 인정하는 것 자체가 엄청난 고통이기 때문이다.

이런 때 남편을 일으킬 힘은 아내다. 아내가 힘이 되기는커녕 도리어 비난하고 불평하면 남편은 이중 삼중의 절망의 늪에 빠지고 말 것이다.

요즘 실직한 중년 남자들의 하소연을 자주 듣는다. 실직 6개월째라는 40대 초반의 가장은 아내로부터 차마 못 들을 소리를 들었다. 아내가 아이들도 있는 자리에서 "도무지 어디에도 써먹을 데가 없는 남자"라고 했다는 것이다. 너무나 큰 상처를 입은 남편은 몹시 고통스러워했다. 아내의 말 한마디가 남편의 기를 살리기도 하고 삶의 의욕을 꺾기도 한다. 남편들이 받아 오는 월급을 쥐꼬리만큼 가져온다고 말하면, 남편은 그야말로 쥐꼬리가 되고 만다.

힘든 순간을 만나면, 아내나 남편이나 서로를 원망하기 쉽다. 그러나 오히려 그 시기를 서로의 사랑을 확인하는 시간으로 만드는 부부도 있다. 이런 부부는 위기도 기회로 만든다. 파스칼 (Pascal)은 "따뜻한 말은 많은 비용이 들지 않지만 많은 것을 이룬다"고 말했다. 부부간에 나누는 따뜻한 격려의 말 한마디는 돈이 들지 않는다. 그러나 힘든 배우자를 향한 격려의 말은 희망을 가져오는 놀라운 힘을 발휘한다.

배우자를 배우자

모든 부부는
사랑의 기술을 배우듯이 싸움의 기술도 배워야 한다.
좋은 싸움은 객관적이고 정직하며
절대 사악하거나 잔인하지 않다.
좋은 싸움은 건강하고 건설적이며,
결혼 생활에 평등한 파트너 관계라는 원칙을 세워준다.
앤 랜더스(Ann Landers)

부부 대화의
1:2:3 법칙

부부싸움의 유형은 부부마다 다르다. 숫자를 세면서 참는 부부, 사사건건 투닥거리는 부부, 서운함을 차곡차곡 저장했다가 한꺼번에 폭발해 버리는 부부, 상대의 약점을 헐뜯는 부부, 서로 비웃으며 약 올리는 부부, 싸운 후에 각방 쓰는 부부, 싸우면 무조건 밥을 굶는 부부 등 다양하다. 바람직한 대화 방법은 사실 너무나 단순하다. 하지만 이 단순한 대화법도 습관이 안 되어 많은 부부가 고통을 겪는다. 부부싸움에는 승자도 패자도 없다. 이혼하는 부부들은 그것을 '성격 차이'라고 말하지만, 결론적으로 말하면 '이해 부족'이 부부 불화의 원인이다. 상대방을 이해하기 위해서는 대화만큼 좋은 것이 없다. 그런데 대화를 시작하면 곧 언쟁으로 번지고, 급기야 큰 다툼으로 발전한다.

배우자를 배우자

아무리 사랑한 사람이어도 그 사람과 함께하는 결혼 생활은 남자와 여자가 얼마나 다른지를 알고 이해하기까지 고통스런 시간들을 지나가게 된다. 말하지 않아도 상대의 감정을 느낌으로 아는 여자와, 절대로 말하지 않으면 모르는 남자는 첫 단추부터 삐걱거리는 항해를 시작하게 된다. 여자는 수다를 통해 친밀감을 느끼는 반면, 남자는 침묵으로 여자를 오해하게 만든다. 이 차이는 남녀로 하여금 사랑이라는 콩깍지가 벗겨지는 순간 상대를 이해할 수 없는 당신으로 여기게 만든다.

더구나 우리나라에서의 결혼은 둘만의 삶이 아니라 시댁과 처가가 개입되는 복잡한 구조를 가지고 있다. 그래서 상대방 가족의 관습이나 관행은 더 큰 오해와 불신을 가져온다. 부부는 결혼하는 순간 부모로부터 독립되어 가정을 이루는 것이 마땅하다. 그런데 우리나라의 복잡한 가족관계는 부부가 독립된 가정을 꾸리는 것을 방해한다. 우리 집이니, 너희 집이니 서로의 가정을 비교하고 비난하는 것도 결혼한 부부가 원가정으로부터 아직 분립하지 못했기 때문이다.

결혼히는 순간부터 밀려드는 예기치 못한 상황들에 당황한 부부는 쉽게 이혼을 결정하는가 하면, 가정이 아닌 일 중심의 삶으로 자신을 몰아붙이거나, 끊임없이 불화하며 서로를 갉아먹거나 한다. 반면에 지혜로운 부부는 그럴수록 더 한마음으로 위기를 헤쳐 나감으로써 행복한 가정을 일군다. 누구에게나 결혼 생활은 낯설고 당황스럽다. 당신은 어떤 결혼 생활을 하고 싶은가? 행복한 가정을 일구고 싶다면 먼저 상대를 이해하려는 노력을 해야 한다. 나와 다른 상대를 수용하고 이해하고 격려하고 용서해야 한다.

가트맨 박사는 부부관계와 상호작용에 대한 연구로 유명한데, 그의 연구 결과를 바탕으로 개발된 가트맨 부부치료는 부부 간의 존중, 애정, 친밀감을 발전시키고 갈등을 해결하며 서로에 대한 이해심을 향상 시키는 것을 목표로 한다. 가트맨 부부치료의 3단계 대화법은 공감(Empathy), 경청(Active Listening), I-메시지(I-Statements)이다.

공감(Empathy)은 상대방의 감정이나 경험을 이해하고 공감하는 것이다. 상대방의 감정을 듣고, "그렇게 느꼈어"와 같은 말로 공감을 표현한다. 상대방이 느끼는 감정을 존중하고 공감하는

배우자를 배우자

태도를 보여주는 것이다.

경청(Active Listening)은 상대방의 이야기를 주의 깊게 듣고 이해하는 것이다. 서로 눈을 마주치며 집중하고, 중요한 내용을 요약하거나 질문을 던지며 상대방의 이야기를 더 자세히 듣는 것이다.

I-메시지(I-Statements)는 자신의 감정이나 경험을 솔직하게 표현하는 것인데, "나는 네게 상처받았어"와 같이 자신의 감정을 나타내는 메시지를 사용하는 것이다. 상대방에게 비난하지 않고, 자신의 입장을 전달한다. 이러한 대화법을 활용하여 상대방과 더 나은 대화를 나누고 갈등을 조정할 수 있다. 상호 존중과 이해심을 바탕으로 로맨스와 행복한 결혼 생활을 만들어가는 것이다.

남편들은 알아야 한다. 아내는 말 한마디에 희비가 교차되고 행복과 불행이 순간적으로 바뀐다는 사실이다. 부부가 대화하면서 주의할 점 몇 가지가 있다. 그중 하나가 절대로 해서는 안 될 말은 하지 않는 것이다. 그렇다면 절대로 해서는 안 되는 말은 무엇일까?

"웃기네!"

이는 상대를 조롱하는 말이다. 상대의 자존심을 건드리는 말이다.

"그래, 너 잘났다!"

싸우다 말문이 막히면 흔히 하는 말이다. 이때 "그래, 내가 잘못했어. 그러니까 이제 그만하자"라고 쉼표를 주는 말을 하자. 부부싸움에서 쉼표는 아주 중요하다. "당신 어머니는 …" 평소 쌓아 둔 시어머니에 대한 불만을 부부싸움 중에 퍼붓는 아내들이 있다. 하지만 상대의 가족을 들먹이는 것은 그야말로 막가자는 이야기다.

"나한테 해준 게 뭐가 있어?"

손익계산을 따지는 이런 말은 잘못하다가는 결혼식 전으로 거슬러 올라가 예단까지 따지게 될 수 있다. 부부간에 이해득실을 따지는 것은 자기 얼굴에 침 뱉기나 다름없다.

"당신한테 질렸어! 우리 헤어지자."

설령 부부싸움에서 어렵게 화해했다 해도 이런 말은 오래도록 가슴속에 응어리로 남게 될 것이다.

그리고 욕설은 금물이다. 처음이 어렵지 한번 터지기 시작하면 걷잡을 수가 없는 것이 욕설이다. 성경은 "더러운 말은 너희 입 밖에도 내지 말고"라고 말한다. 이제 상대의 마음을 밝게 해주는 대화의 1:2:3 법칙을 배우고 연습해 보자. '한 번 말하고 두 번 듣고 세 번 맞장구쳐 주는 것'이다.

대화의 1:2:3 법칙은
'한 번 말하고 두 번 듣고 세 번 맞장구쳐 주는 것'이다.
본문 중에서

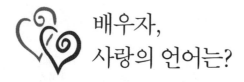

배우자,
사랑의 언어는?

TV에서 잘생긴 남자가 연인의 생일에 수백 송이의 빨간 장미를 선물하는 장면이 나오자 아내는 한참을 거기에 빠져 있다가 끝내 한숨을 내쉬며 남편에게 투정을 부린다. 남편은 그런 아내에게 "당신이 영화배우인 줄 알아? 꽃이 얼마나 비싼데! 꽃 살 돈이 어딨어?" 하며 아내의 철없음을 탓한다. 과연 부부의 행복지수를 결정짓는 중요한 요소는 무엇일까?

여유 있는 경제력? 서로를 이해하는 대화 기술? 배려하고 양보하는 마음? 가치관의 공유? 비슷한 취미생활? 매력적인 외모? 원만한 성격? 다 맞다. 하지만 각자 지향하는 바도 다르고 취향도 다르니 이중에 무엇이 가장 중요하다고 말할 순 없을 듯

배우자를 배우자

하다. 또 아무리 행복한 부부라도 긍정적인 감정만 경험하고 살지는 않는다. 갈등이 생기면 부부싸움을 하게 되고, 그러면 부정적인 감정을 경험하게 되고, 그러다 점차 긍정적인 감정을 잃게 되는, 이렇게 지극히 자연스러운 과정을 경험하게 된다.

그럼에도 행복한 부부는 서로에 대해 긍정적인 감정을 더 많이 갖고 있다. 그 비결은 평상시에 긍정적인 감정을 많이 저축해 둔 것이고, 갈등이 생기더라도 부정적인 감정이 덜 생기도록 제대로 된 부부싸움을 할 줄 아는 것이다. 더 나아가 행복한 부부는 부부간의 갈등 상황이 결국 긍정적인 결과를 가져오도록 만든다. 평상시에 긍정적인 감정을 저축한다는 것이 무슨 뜻일까? 어떻게 해야 배우자로 하여금 긍정적인 감정을 갖도록 할 수 있을까? 커피나 간식, 식사를 함께 준비하는 것이다.

저녁에 오늘 하루 일과가 어땠는지 배우자에게 물어보는 것이다. 아플 때 곁에 있어 주는 것이다. 또한 배우자가 노력한 결과에 대해 격려하고 칭찬하며 가족을 위해 수고한 것에 대해 고마움을 표현하는 것이다. 그리고 배우자가 요즘 느끼는 스트레스가 무엇인지 관심을 가지고 들어 주고, 앞으로 이루고 싶은 꿈이나 목표에 대해 공감해 주는 것이다.

함께 손을 잡고 산책하거나 운동을 하고, 청소나 빨래도 함께
하고, 저녁때 함께 아이들 목욕도 시키고, 함께 음악을 듣거나 휴
가 계획을 세워 보자. 소소하지만 이런 일상이 평소 부부간에 긍
정적인 감정을 저축하는 일이다. 이런 소소한 행복감이 배우자를
건강하고 아름답게 성숙하도록 이끈다. 지금 당신의 배우자가 무
엇을 요구하는지 알고 있는가?

『5가지 사랑의 언어』의 저자인 게리 채프먼(Gary Chapman)
은 많은 커플이 상대방의 사랑의 언어가 무엇인지 알지 못하기
때문에 오해하고 불화한다고 말한다. 당신은 배우자의 사랑의 언
어가 무엇인지 아는가? 배우자가 듣고 싶어 하는 사랑의 언어를
들려주는가? 그렇다면 이 사랑의 언어란 무엇일까?

첫째, '인정하는 말'(Words of Affirmation)이다.
칭찬, 격려, 축하, 부탁의 말이 여기에 속한다. 어떤 아내는
남편이 자녀를 양육하는 일에 적극적이지 않으면서도 사사건건
아이들의 엄마인 자신을 질책해서 속상하다고 했다. 자녀 양육은

집안일을 책임지는 아내의 몫이라고 생각하면서도 아내의 교육 방식은 무시하고 비난하는 것이다. 부부간의 사랑은 서로 인정하고 지지하는 것으로 표현되어야 한다.

둘째, '함께하는 시간'(Quality Time) 이다.

이것은 단순히 물리적 공간에서 함께 있는 것만을 의미하지 않는다. 여기에는 서로의 이야기에 귀 기울여 듣고 소통하는 감정적 공유와 친밀감이 포함되어야 한다.

셋째, '선물'(Receiving Gifts)이다.

선물은 주는 것과 받는 것 모두를 포함한다. 그리고 선물에는 돈이나 상품 같은 물질적 선물도 있지만 시간, 관심, 함께 있어 주는 것 같은 비물질적인 선물도 있다.

넷째, '봉사'(Acts of Service)이다.

서로 상대가 해야 할 일을 대신해 주고, 친구들과 시간을 보낼 수 있도록 자녀를 대신 돌봐 주며, 배우자가 돌아올 시간에 마중 나가는 것 등이 여기에 속한다.

다섯째, '육체적 접촉'(Physical Touch)이다.

잠자리는 물론 손을 맞잡고 입맞춤하며 서로의 등을 따뜻하게 쓰다듬어 주고 가볍게 포옹하는 것도 포함된다.

배우자는 당신에게서 어떤 사랑의 언어를 받기 원할까? 배우자가 원하는 것을 알고 이해하고 그렇게 해줄 때 가정에 따뜻한 온기가 가득할 것이다.

당신은 배우자의 사랑의 언어가 무엇인지 아는가?
배우자가 듣고 싶어 하는 사랑의 언어를 들려주는가?
본문 중에서

배우자를 배우자

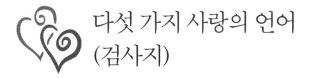

다섯 가지 사랑의 언어
(검사지)

다섯 가지 사랑의 언어 테스트

● 이 설문은 귀하의 사랑의 언어를 알기 위한 것입니다.

● 총 30개의 문항으로 구성되어 있습니다.

　(총 소요시간 15-30분)

● 각 쌍의 질문 중 귀하께서 바라시는 것을 잘 나타내는 것
　하나를 선택하십시오.

● 선택을 다 마친 후 각 항목의 개수를 합산하시면 귀하의
　사랑의 언어를 확인할 수 있습니다.

번호	문항	타입
1	나는 배우자가 사랑의 편지를 주면 마음이 흐뭇해진다.	A
	나는 배우자가 포옹해 주는 것이 좋다.	E
2	나는 배우자와 단 둘이 있는 것이 좋다.	B
	나는 배우자가 나의 일을 도와줄 때 사랑을 느낀다.	D
3	나는 배우자가 특별한 선물을 줄 때 기분이 좋다.	C
	나는 배우자와 함께 여행하는 것이 좋다.	B
4	나는 배우자가 빨래를 해줄 때 사랑을 느낀다.	D
	나는 배우자가 나에게 스킨십할 때 기분이 좋다.	E
5	나는 배우자가 팔로 나를 안을 때 사랑을 느낀다.	E
	나는 배우자의 깜짝 선물을 통해 사랑을 확인한다.	C
6	나는 배우자와 함께라면 어디를 가도 좋다.	B
	나는 배우자의 손을 잡는 것이 좋다.	E
7	나는 배우자가 주는 선물을 소중히 여긴다.	C
	나는 배우자로부터 사랑한다는 말을 듣는 것이 좋다.	A
8	나는 배우자가 내 가까이 앉는 것이 좋다.	E
	나는 배우자가 나를 멋있다고 하는 말이 기분이 좋다.	A
9	나는 배우자와 같이 있는 시간이 즐겁다.	B
	나는 작더라도 배우자가 주는 선물이 좋다.	C
10	나는 배우자가 나를 자랑스럽게 여긴다고 할 때 사랑을 느낀다.	A
	나는 배우자가 나를 위해 음식을 준비할 때 사랑을 느낀다.	D

배우자를 배우자

번호	문항	타입
11	나는 배우자와 함께하는 일이면 뭐든지 좋다.	B
	나는 배우자가 나를 지지하는 말을 하면 기분이 좋다.	A
12	나는 배우자가 작은 것이라도 말보다는 행동으로 해주는 것이 더 좋다.	D
	나는 배우자와 포옹하기를 좋아한다.	E
13	나는 배우자의 칭찬이 나에게는 아주 중요하다.	A
	배우자로부터 내가 좋아하는 선물을 받는 것이 아주 중요하다.	C
14	나는 배우자 곁에 있는 것만으로도 기분이 좋다.	B
	나는 배우자가 등을 긁어 주는 것이 좋다.	E
15	내가 한 일을 배우자가 인정하면 힘이 난다.	A
	배우자 자신은 좋아하지 않는 일을 나를 위해 하는 것은 의미가 크다.	D
16	나는 배우자의 키스가 싫은 적이 없다.	E
	내가 좋아하는 일에 배우자가 관심을 가지면 기분이 좋다.	B
17	배우자가 내가 하는 일을 돕는 것이 중요하다.	D
	배우자가 준 선물을 받아 볼 때 기분이 좋다.	C
18	배우자가 나의 외모를 칭찬하면 기분이 좋다.	A
	배우자가 내 생각을 귀 기울여 듣고 비판하지 않는 것이 좋다.	B
19	배우자가 가까이 있으면 꼭 만지고 싶다.	E
	가끔씩 배우자가 내 심부름을 해주는 것이 고맙다.	D
20	배우자가 나를 도와주는 것은 모두 상을 받아야 마땅하다.	D
	배우자가 얼마나 생각 깊은 선물을 하는지 가끔씩 놀란다.	C

번호	문항	타입
21	나는 배우자가 나에게 전적으로 집중해 주는 것이 고맙다.	B
	집안 청소를 잘 하는 것은 중요한 봉사 행위다.	D
22	나는 배우자가 줄 생일 선물이 기대된다.	C
	내가 소중하다는 배우자의 말은 늘 들어도 지겹지 않다.	A
23	배우자는 내게 선물로 자신의 사랑을 보여 준다.	C
	배우자는 집에서 나의 일을 도와줌으로 사랑을 표현한다.	D
24	배우자는 내 말을 끊지 않는데 나는 그것이 좋다.	B
	나는 배우자의 선물이 싫증나지 않는다.	C
25	내가 피곤한 것을 알고 도와주겠다고 하는 배우자가 고맙다.	D
	어디를 가든 배우자와 함께하면 나는 좋다.	B
26	나는 배우자와 부부관계하는 것을 좋아한다.	E
	나는 배우자의 깜짝 선물을 좋아한다.	C
27	나는 배우자의 격려하는 말을 들으면 힘이 난다.	A
	나는 배우자와 함께 영화 보는 것이 좋다.	B
28	배우자가 주는 선물보다 더 좋은 선물은 없다.	C
	내 배우자에게서 손을 떼는 것이 힘들다.	E
29	배우자가 바쁜데도 나를 돕는 것이 내게는 큰 의미가 있다.	D
	배우자가 나에게 감사하다고 말하면 나는 기분이 아주 좋다.	A
30	배우자와 잠시 떨어져 있다가 다시 만나 포옹(키스)하는 것이 좋다.	E
	배우자가 나를 믿는다는 말을 하면 기분이 좋다.	A

배우자를 배우자

● 자신이 체크한 곳의 알파벳이 각각 몇 개인지 세어 보십시오. 가장 많이 나온 숫자가 당신의 사랑의 언어입니다.

A 인정하는 말	B 함께하는 시간	C 선물	D 봉사	E 스킨십

우리 부부가 왜 불화하는지 나는 몰랐다. 이 정도면 괜찮은 남편이고 행복하고 만족스럽다고 생각했는데, 아내는 무엇이 불만인지 행복해하지 않았다. 부부싸움에는 승자와 패자가 없다. 이혼하는 부부들은 그것을 '성격 차이'라고 말하지만 결론적으로 말하면 '이해 부족'이 부부 불화의 원인이다. 상대방을 이해하기 위해서는 대화만큼 좋은 것이 없다.

어느 날 아내가 내게 이혼 이야기를 꺼냈을 때, '말로만 듣던 이혼이 나에게도 현실이 되는구나' 하는 충격에 빠졌다. 내가 무엇을 잘못한 것인가? 아무리 생각해 봐도 도대체 원인을 알 수 없었다. 왜냐하면 나는 부부에게 가장 중요한 것이 무엇인지 몰랐기 때문이다. 나는 아내를 잘 안다고 생각했지만 사실 모르면서 안다고 생각하고 있었던 것이다. 그것이 아내를 어렵게 하고 우리 부부를 불화하게 만들었다는 사실을 뒤늦게야 깨달았다.

우리 부부는 정서 중심적 부부치료 과정을 배우면서 정서적 친밀감이 배우자에게 얼마나 안정감을 주고 서로를 연합하게 하는지를 경험했다. 그래서 나는 상담을 오는 부부들에게 이 점을 무엇보다 강조한다. 그리고 내가 그랬듯이 많은 부부가 정서적 친밀감을 통해 관계를 회복하는 감동적인 모습을 가까이에서 지켜볼 수 있었다.

결혼해서 상대에게 필요한 존재가 되고 상대를 위해 희생하고 싶은가? 그렇다면 당신에게 결혼은 선물이요 축복이 될 것이다. 사랑이 전부라고 생각하는 사람에게 결혼은 그야말로 시련이다. 연애할 때 아무리 사랑한 사람이었어도 그 사람과 함께하는 결혼 생활은 남자와 여자가 얼마나 다른지를 알고 이해하기까지 고통스런 시간들을 지나야 하기 때문이다.

당신은 어떤 결혼 생활을 하고 싶은가? 행복한 가정을 일구고 싶다면 먼저 상대를 이해하려는 노력을 해야 한다. 나와 다른 상대를 수용하고 이해하고 격려하고 용서해야 한다. 바라기는 이 책을 통해 배우자를 배워서 기쁨이 넘치는 행복한 가정을 이루는 부부가 되기를 소망한다.